DAS LAUCH-KOCHBUCH

TRIX BARTH

DAS
LAUCH
KOCHBUCH

Mit einer Einführung
von Heinz Scholz

MidenA

Die Deutsche Bibliothek – CIP-Einheitsaufnahme

Barth, Trix:
Das Lauch-Kochbuch / Trix Barth.
Küttigen/Aarau : Midena ; Augsburg : Weltbild, 1998
   ISBN 3-310-00329-9

2. Auflage 1998

Alleinvertrieb für Deutschland:
WELTBILD VERLAG GmbH
Steinerne Furt 68-72, 86167 Augsburg

© 1998 – MIDENA VERLAG GmbH, CH-5024 Küttigen/Aarau
Gestaltung Umschlag und Inhalt: Dora Eichenberger-Hirter, Birrwil
Foodbilder: Evelyn und Hans-Peter König, Zürich
Lithos: Lang Polychom AG, Basel
Satz: Kneuss Satz AG, Lenzburg
Druck und Bindung: Neue Stalling, Oldenburg

ISBN 3-310-00329-9

INHALT

Verwendete Abkürzungen

EL	= gestrichener Esslöffel
TL	= gestrichener Teelöffel
ml	= Milliliter
dl	= Deziliter
l	= Liter
Msp	= Messerspitze

Wo nicht anders erwähnt, sind die
Rezepte für 4 Personen bestimmt.

VORWORT

Der Lauch dürfte in unseren Breitengraden eines der wenigen Gemüse sein, das während des ganzen Jahres geerntet werden kann. Was immer frisch verfügbar und zudem preiswert ist, verdient die Aufmerksamkeit von uns Köchinnen und Köchen. Obwohl der Sommerlauch häufig ein «Leichtgewicht» und der Winterlauch ein «Schwergewicht» ist, sind sie in den Rezepten problemlos austauschbar.

Besonders zart ist der Lauch im späten Frühjahr und im Sommer. Roh gibt er dem Salat eine angenehme Schärfe. Sein helles Grün passt wunderbar zu farbenfrohen Sommersalaten und schmeckt auch ganz ausgezeichnet als Rohkost mit Dips. Aber auch gedünstet ist das junge Gemüse eine Delikatesse. Im Herbst und Winter ist der Lauch von kräftigem Geschmack und für Eintöpfe ein guter Partner. Das Garen und Dünsten stimmt ihn aber in jedem Fall mild. Er ist zudem ideal als Basis und Einlage in Suppen und schmeckt in Gratins und Aufläufen, in herzhaften Kuchen und Quiches. Besonders gut passt er zu Wurst und Käse.

Ich wünsche den alten und neuen Lauchliebhabern guten Appetit.

Beatrice Aepli

LAUCHGEWÄCHSE (ALLIUM)

Bärlauch (Allium ursinum)

Schnittlauch (Allium schoenoprasum)

Schalotte (Allium ascalonicum)

Küchenzwiebel (Allium cepa)

Porree oder Lauch (Allium porrum und Allium ampeloprasum)

Perlzwiebel (Allium sativum var. ophioscorodon)

Knoblauch (Allium sativum var. sativum)

AUS DER GESCHICHTE

Grabfunde im alten Ägypten

Der zur Familie der Liliengewächse zählende Lauch oder Porree (Allium porrum L.) hatte im alten Ägypten einen hohen Stellenwert. Er war beliebtes Nahrungsmittel und bekannt für seine aphrodisische Wirkung. Lauch war auch Bestandteil von Opfergaben und wurde in Blumengebinden verwendet. Der älteste Nachweis von Lauch stammt aus ägyptischen Gräbern der 18. bis 20. Dynastie (1550–1320 v. u. Z.). Etwas jüngeren Datums waren Funde des Forschers Schiaparelli, der 1886 in einem Grab zu Dra Abu el Negro drei Päckchen mit aufgerollten Lauchschäften und Blättern entdeckte. In einem weiteren Grab bei Theben wurden Lauchbündel gefunden, die aus 60 cm langen Stangen bestanden.

Bei der in Blumengebinden aus Mumiengräbern gefundenen porreeähnlichen Lauchart handelt es sich nach U. Körber-Grohne um Allium kurrat. Diese Lauchart unterscheidet sich von unserem Lauch durch eine deutlichere Zwiebelbildung. Sie wird heute noch in Ägypten, Jemen und Israel angebaut.

Während des beschwerlichen Auszuges der Israeliten aus Ägypten gab es Manna zu essen. Viele jammerten über diese ihrer Meinung nach einseitige Kost und sehnten sich nach den Fleischtöpfen und Fischmahlzeiten; sie vermissten aber auch Gurken, Wassermelonen, Lauch, Zwiebeln und Knoblauch. Diese Nahrungsmittel hatten sie in Ägypten reichlich bekommen (4. Buch Mose, 11,4–6).

Nero bekam nicht genug davon

Der römische Kaiser Nero aß Unmengen Lauch, um seine Stimme zu stärken. Er ging als «porrophagus» (Lauchesser) in die «Gemüsegeschichte» ein. Vielleicht wollte Nero aber nicht nur seine Stimme stärken, denn im alten Rom kursierte das Gerücht, Lauch stärke den Geschlechtstrieb und steigere die Potenz. «Lauch mehrt den Samen», war damals ein bekannter Ausspruch.

Porree der heiligen Hildegard von Bingen

Der Name «porrum» beziehungsweise «porros» lässt sich bis Anfang 9. Jahrhundert zurückverfolgen. Auch die Äbtissin Hildegard von Bingen (1098–1179) erwähnte sowohl Porrum als auch Lauch in ihren Schriften. Nach den Beschreibungen der Heilkundigen müsste aber der Lauch röhrige und hohle Blätter haben. Es könnte also sein, dass sie nicht Lauch beziehungsweise Porree gemeint hat, sondern die Zwiebel und den Schnittlauch.

Eindeutige Beschreibungen finden wir in den Kräuterbüchern des 16. Jahrhunderts. Ein Werk von Joachim Camerarius (1586 geschrieben, 1626 gedruckt) beschrieb mehrere Allium-Arten, darunter Porree, Schnittlauch, Schalotte und Zwiebel.

Lauchgegner

«Item wer vil lauchs isset, dem brenget er heubtwee, und er brenget dem Menschen böse dreume.» Dies berichtet der Kräuterexperte Peter Schöffer im 15. Jahrhundert. Aber es gab noch einen weiteren Lauchgegner, nämlich Otto Brunfels (1480–1534). In seinem Kräuterbuch führt er ein ganzes Sündenregister auf. Er meint, der Genuss von Porree führe zu Magenschmerzen, Sehstörungen und Blähungen.

Die Geschichte des Lauchs

2050–1991 v. Chr. (ab 11. Dynastie)

Ägypten: hieroglyphischer Name für Lauch ist belegt.

1550–1320 v. Chr. (18.–20. Dynastie)
und bis 7. Jh. v. Chr. (bis zur 24. Dynastie)

Lauchfunde in ägyptischen Gräbern.

Zeit des klassischen Altertums
(Griechenland und Römisches Reich)

Neben Zwiebeln und Knoblauch wurde auch Lauch
als Gemüse angepflanzt.

Dioskorides (60 n. Chr.)

Älteste überlieferte Abbildung des Lauchs
(Codex des Dioskorides; erste farbige Kopie 500–511
in Konstantinopel angefertigt).

Anfang 9. Jahrhundert

Erwähnung des Lauchs im Capitulare Karls des Großen.

12. Jahrhundert

Erwähnung des Lauchs in der Physica der
Hildegard von Bingen (1098–1179).

Ende 16. Jahrhundert

Joachim Camerarius aus Nürnberg beschreibt in seinem
Kräuterbuch mehrere Allium-Arten, darunter Porree, Schnittlauch, Schalotte und Zwiebel.

SAGEN UND BRÄUCHE

Wie Odysseus sich wehrte

In der griechischen Sagenwelt waren Sirenen, d. h. Mädchen mit Vogelleibern, göttliche Wesen. Sie lockten mit ihrem Gesang Seeleute an, die sie dann töteten. Odysseus wusste sich vor dem verführerischen Gesang zu schützen. Er ließ sich an den Mast fesseln und die Ohren mit Lauch zustopfen. Ob den Sirenen wohl das Singen vergangen ist?

Auf Freiersfüßen

Kam in früheren Zeiten ein Freier auf den Hof, konnte er aus den ihm vorgesetzten Speisen leicht erfahren, ob die Hausgemeinschaft ihm wohlgesinnt war. Rüben und Kartoffeln waren ein unmissverständliches Zeichen, dass er unerwünscht war und das Weite suchen sollte. Erhielt er Kaffee oder Mehlbrei, dann schätzte man ihn als Freund. Wurde er jedoch mit Eierkuchen und Lauch verwöhnt, dann war er als Werber höchst willkommen.

Dank für die Ernte

In manchen Gegenden binden die Menschen heute noch Blumen aus dem Hausgarten, Heilkräuter und Gemüse wie Lauch, Zwiebeln und gelbe Rüben zu einem Strauß und lassen ihn in der Kirche weihen. Dieser alte Brauch als Dank für eine gute Ernte fand Eingang in den kirchlichen Marienkult.

HERKUNFT DES LAUCHS

Eine Wildform des Porrees gibt es nicht. Der kultivierte Porree stammt vom wilden Sommerlauch (Allium ampelograsum L.) ab. Diese Pflanze wächst im Mittelmeergebiet, im Vorderen Orient und in Nordafrika.

Der Lauch kam sehr wahrscheinlich über Italien nach Mitteleuropa. Dass schon die alten Römer den Lauch zu uns brachten, ist möglich, aber nicht erwiesen. In römischen Gruben- und Brunnenfüllungen konnte auf jeden Fall bis heute kein Lauchsamen gefunden werden; mehr Glück hatte man bei Garten-Melde, Rübe, Mangold, Dill und Sellerie.

Der Lauch ist heute in vielen Ländern eine wichtige Gemüsepflanze, so in Frankreich, Großbritannien, Italien, Belgien, Deutschland, Dänemark, Nordspanien, Ägypten, Polen, Russland, in der Schweiz, auf dem Balkan und in den Niederlanden.

Deutsche und Schweizer beziehen den meisten Lauch aus eigenem Anbau. Ein Teil wird importiert, und zwar je nach Jahreszeit aus den Niederlanden, aus Belgien, Frankreich, Italien und aus der Türkei. Kleinere Lieferanten sind Polen und Spanien.

SORTEN

Es gibt Sommer-, Herbst- und Winterlauch. Die Sorten unterscheiden sich in Schaftlänge, Festigkeit und Geschmacksintensität.

Sommerlauch

Der Sommerlauch wird Ende März bis Ende April gepflanzt. Er ist schnellwüchsig, langschaftig, hellgrün bis mittelgrün und bildet keine Zwiebeln. Er ist zarter im Geschmack als der Herbst- und Winterlauch. Geerntet wird er in den Monaten Juni, Juli und August.

Herbstlauch

Der Herbstlauch hat eine blaugrüne bis mittel-dunkelgrüne Blattfarbe und ist meistens langschaftig. Gepflanzt wird er Mitte Mai bis Mitte Juli. Erntezeit ist September bis November.

Winterlauch

Angepflanzt wird der Winterlauch im Juni und Juli. Erntezeit ist von Oktober bis März. Der Winterlauch ist von kräftigem Geschmack. Die Stangen haben einen kurzen oder mittellangen Schaft, die Blätter sind blaugrün bis dunkelblaugrün. Der Winterlauch ist weniger ertragreich als die Sommer- und Herbstsorten.

Gebleichter Lauch

Der gebleichte Lauch ist während den Wintermonaten im Angebot. Die Stangen werden durch Lichtentzug gebleicht. Entweder wird der Lauch im Freien mit Erde oder Kunstfolie zugedeckt oder die geernteten Stangen werden an einem dunklen, kühlen Ort eingeschlagen und mit Brettern oder Strohballen gedeckt. Milder Geschmack.

ANBAU

Lauch benötigt viel Sonne und einen humusreichen, lockeren Boden.

Die Aussaat erfolgt in einem Frühbeet (Vorkultur) oder in einem Freiland-Saatbeet. Danach erfolgt das Verpflanzen in gut vorbereitete Böden. Eine Direktsaat ist an Ort und Stelle in Reihen erst ab April möglich.

Im Freien muss für die jungen Pflänzchen mit dem Setzholz ein 10 bis 15 cm tiefes Loch gestochen werden. Diese Tiefe braucht es, damit der Lauch lange Stangen bilden kann.

Einige Tipps für gutes Gedeihen: Die Pflanzen ausreichend wässern, die Jungpflanzen rechtzeitig düngen. Dies schafft speziell bei Porree bessere Startbedingungen. Durch Anhäufeln der Pflanzen im Sommer kann der Weißanteil des Schafts verlängert werden.

Vorkultur, Weiterkultur und das Auspflanzen von Lauch

Vorkultur	Aussaat: Je nach Sorte Dezember bis Mai im Frühbeet oder unter Folie. Keimtemperatur: 10–12 °C Keimdauer: 18–24 Tage
Weiterkultur	Topfen/Verpflanzen: nach 4 Wochen Temperatur: 12–15 °C Vereinzeln, pikieren: bei 20 cm Höhe.
Auspflanzen ins Freie	Zeitpunkt: je nach Sorte März bis Mitte Juli. Reihenabstand: 30 cm Pflanzenabstand: 15 cm

	Jan.	Febr.	März	April	Mai	Juni	Juli	Aug.	Sept.	Okt.	Nov.	Dez.
Früh-anbau				pflanzen			ernten					säen
Sommer-lauch	säen			pflanzen			ernten					
Herbst-lauch		säen				pflanzen				ernten		
Herbst-/Winter-lauch	ernten			säen		pflanzen					ernten	
Winter-lauch	ernten				säen		pflanzen					ernten

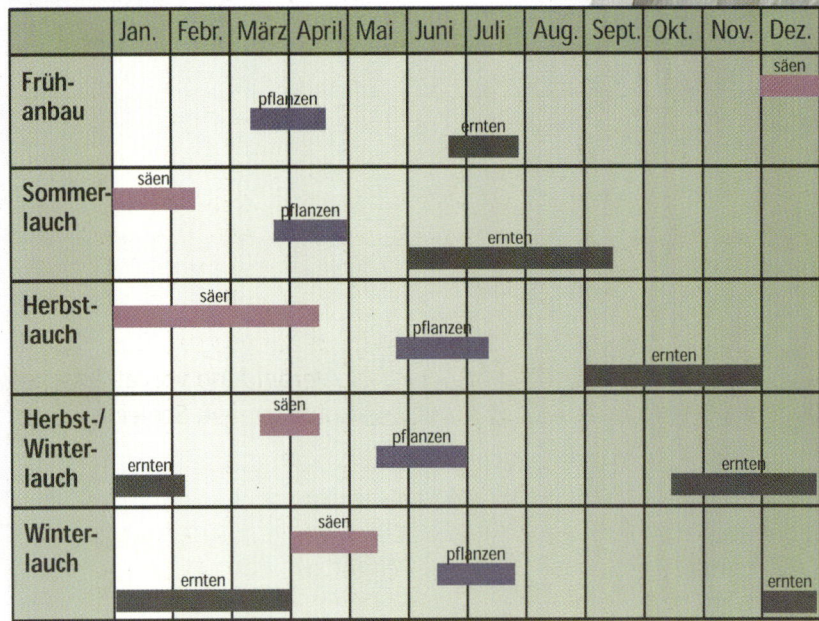

So bekämpft man die Lauchmotte

Die Lauchmotte legt in der Zeit von April bis Mai abends ihre Eier in die jungen, zarten Lauch- oder Zwiebelblätter. Aus den Eiern entwickeln sich gefräßige Raupen, welche die Blätter zu ihrer Leibspeise erkoren haben. Was tun, um diesen Schädling fernzuhalten? Erstens könnte man Mischkulturen mit Möhren und Sellerie oder Sellerie – Lauch – Buschbohnen anlegen. Zweitens empfehlen Gärtner während der Flugzeit der Motte eine Abdeckung der Pflanzen mit einem Insekten-netz und das Abbrausen mit einer Kräuterabkochung aus Rainfarn und Schachtelhalm.

INHALTSSTOFFE

Vitamin C, Kalium und Öle

Ätherisches Öl, das überwiegend aus Allylsulfid besteht, und Kalium (225 mg/100g) sind die herausragendsten Inhaltsstoffe. Daneben finden wir im Lauch noch Schleimstoffe, Ballaststoffe, Kalzium, Magnesium, Phosphor, Eisen, Zink, Vitamin C (30 mg/100g), Beta-Karotin und geringe Mengen B-Vitamine.

Das ätherische Öl wirkt übrigens anregend auf Magen, Darm, Galle, Leber, Bauchspeicheldrüse und Niere. Die Verbindung von ätherischen Ölen mit Schleimstoffen erleichtert das Abhusten von Schleim.

Inhaltsstoffe auf einen Blick
100 g Lauch enthalten

Wasser	89,0 g
Eiweiß	2,2 g
Fett	0,3 g
Kohlenhydrate	3,2 g
Ballaststoffe	2,3 g
Mineralstoffe	0,9 g

Mineralstoffe

Natrium	5 mg
Kalium	225 mg
Magnesium	18 mg
Kalzium	85 mg
Eisen	1 mg
Zink	0,3 mg
Phosphor	45 mg
Selen	0–10 µg
Fluorid	10 µg
Jodid	1 µg

Vitamine

Vitamin C	30 mg
Carotin hellgrüne Teile	0,02 mg
dunkelgrüne Teile	0,7 mg
Vitamin E	0,9 mg
Vitamin B_1	0,1 mg
Vitamin B_2	0,06 mg
Vitamin B_6	0,25 mg
Nicotinamid	0,53 mg
Pantothensäure	0,14 mg

Sonstige Stoffe

Salizylsäure	0,08 mg
Purine	30 mg
Glucose	930 mg
Fructose	1220 mg
Saccharose	840 mg
Maltose	80 mg
Stärke	120 mg

Quelle: Der kleine «Souci-Fachmann-Kraut»: Lebensmitteltabelle für die Praxis, Wissenschaftliche Verlagsgesellschaft mbH Stuttgart.

HEILWIRKUNGEN

Pedanius Dioskorides empfahl den Lauch um 60 n. Chr. als schleimlösendes Mittel bei Husten. Hippokrates (um 460–370 v. Chr.), griechischer Arzt und Begründer der wissenschaftlichen Heilkunde, meinte, Lauch fördere die Harnausscheidung, entspanne den Bauch, behebe das Aufstoßen, vermehre die Milch und heile die Schwindsucht.

Dank seines beachtlichen Gehalts an Vitamin C galt der Lauch auch als ein gutes Mittel gegen Skorbut (Vitamin-C-Mangelkrankheit).

Die Ärzte des Mittelalters setzten den Lauch gegen Husten und Wassersucht ein. Kräuterpfarrer Künzle empfahl das Auflegen von zerquetschten Lauchblättern und Schnittlauchhalmen bei Insektenstichen und rheumatischen Schmerzen.

Aufgrund seiner Inhaltsstoffe ist der Lauch besonders bei Erkrankungen der Niere, der Leber, des Magens, des Darms, der Bronchien (Bronchialkatarrh) und bei Stoffwechselleiden (Gicht) zu empfehlen.

«Feingeschnittene Lauchstangen ergeben eine köstliche Rohkost. In dieser Form kommt auch seine Heilkraft, die harntreibende Wirkung, am besten zum Ausdruck», schreibt Robert Quinche in seinem Büchlein über Gewürzkräuter.

Kosmetische Wirkung

Eine kosmetische Wirkung kommt dem Lauch ebenfalls zu. Äußerlich wirkt er erweichend bei Mitessern und Geschwüren, Nagelentzündungen, Wunden und Insektenstichen (Kompressen auflegen); innerlich entwässernd bei Cellulite, Ödemen und Übergewicht.

DER LAUCH IN DER KÜCHE

Lauch putzen und reinigen

- Die Wurzeln abschneiden, die äußersten Blätter entfernen, die faserigen Blattspitzen kürzen.

- Mit einem spitzen Küchenmesser bis in die Mitte des Lauch- schaftes stechen und dann der Länge nach aufschneiden. Anschließend gründlich in kaltem Wasser reinigen, um Erde und anderen Schmutz zu entfernen. Oder den Lauch zuerst zerkleinern und dann gut waschen.

Garzeit

Man kann davon ausgehen, dass die Farbe etwas über die Festigkeit des Lauchs aussagt. Je dunkler die Blätter, desto länger ist die Koch- zeit.

Rezepte und Saison

Die Rezepte eignen sich ausnahmslos für alle Lauchsorten, d. h. für Sommer-, Herbst- und Winterlauch. Wenn in einem Rezept für einen Salat zarter Lauch (Sommerlauch) empfohlen wird, verwendet man im Winter nur die innersten, zarten Lauchteile. Die grünen Blattteile las- sen sich anderweitig verwenden.

Lauchmenge

In manchen Rezepten ist für gutes Gelingen die richtige Lauchmenge (Gramm) wichtig. In allen andern Fällen (Lauchstangen) kommt es nicht so sehr auf das Gewicht an.

REZEPTE

SCHNECKEN MIT LAUCH-FÜLLUNG

für ca. 20 Stück; zum Aperitif

Teig
- 10 g Hefe
- 150 ml/1,5 dl lauwarmes Wasser
- 250 g Dinkel-Weißmehl
- 1/2 TL Meersalz
- 1 EL Olivenöl extra nativ

Füllung
- 2 zarte Lauchstangen
- 4 Knoblauchzehen
- 150 g Vollmilchquark
- Meersalz
- Pfeffer aus der Mühle
- geriebene Muskatnuss

1. Die Hefe mit zwei Esslöffeln Wasser flüssig rühren. Das Mehl mit dem Salz in einer Schüssel mischen. Restliches Wasser, Olivenöl und angerührte Hefe dazugießen, während 5 bis 10 Minuten zu einem geschmeidigen Teig kneten. Ist der Teig zu trocken, knetet man noch etwas Wasser ein, ist er zu feucht, knetet man noch wenig Mehl ein. Den Teig zugedeckt an einem warmen Ort auf das doppelte Volumen aufgehen lassen.

2. Den Backofen auf 220 Grad vorheizen.

3. Für die Füllung den Lauch grob zerkleinern und mit dem Knoblauch im Cutter fein hacken, dann mit dem Quark vermengen.

Die Masse mit Salz, Pfeffer und Muskatnuss würzen.

4. Den Teig zu einem Rechteck von etwa 20 x 35 cm ausrollen. Die Füllung darauf ausstreichen. Den Teig von der Längsseite her satt einrollen. Die Rolle in etwa 15 mm dicke Scheiben schneiden.

5. Die Lauch-Schnecken in ein mit Backpapier belegtes Blech legen, im vorgeheizten Backofen bei 220 Grad auf mittlerem Einschub rund 10 Minuten backen. Warm servieren.

Abbildung
auf Tortenschaufel: Schnecken mit Lauchfüllung, Rezept oben
ganz oben rechts und links: Lauch-Kartoffel-Küchlein, Rezept Seite 28
Mitte: Blätterteigpastetchen mit Schinkenmousse, Rezept Seite 28
oben Mitte: Waadtländer Küchlein, Rezept Seite 29

LAUCH-KARTOFFEL-KÜCHLEIN

für 6 Küchlein von ca. 12 cm Durchmesser
für 4 bis 6 Personen als kleine Mahlzeit

- 600 g Kartoffeln
- 400 g Lauchstangen
- 1 EL Butter
- 50 ml/0,5 dl trockener Weißwein
- Meersalz
- Pfeffer aus der Mühle
- 350 g gekaufter Blätterteig
- 100 g Räucherlachs

Guss
- 2 Freilandeier
- 150 g/1,5 dl süße Sahne/Rahm
- 100 ml/1 dl Milch
- 2 Freilandeier
- Meersalz, Pfeffer, Paprikapulver

1. Die Kartoffeln in der Schale im Dampf weich kochen, dann schälen und in Scheiben schneiden. Erkalten lassen.

2. Den Lauch in Scheiben schneiden, in der Butter dünsten. Mit dem Weißwein angießen, kurz weiterköcheln lassen. Mit Salz und Pfeffer würzen, auskühlen lassen.

3. Den Backofen auf 200 Grad vorheizen.

4. Den Teig ausrollen, Rondellen ausstechen, die eingefetteten Förmchen damit auslegen, dabei einen Rand hochziehen. Die Kartoffelscheiben und die Lauchscheiben ziegelartig auf die Teigböden legen.

5. Eier, süße Sahne und Milch verquirlen. Den Guss würzen, über die Füllung gießen.

6. Die Lauch-Kartoffel-Küchlein im vorgeheizten Backofen bei 200 Grad auf mittlerem Einschub rund 25 Minuten backen.

7. Den Lachs zu Röschen formen oder in Streifchen schneiden. Die heißen Küchlein damit belegen. Sofort servieren.

Abbildung Seite 27

BLÄTTERTEIGPASTETCHEN MIT SCHINKENMOUSSE

für 16 Pastetchen; zum Aperitif

- 100 g Schinken
- 1 kleine, zarte Lauchstange
- 50 g Frischkäse
- Meersalz, Pfeffer aus der Mühle
- geriebene Muskatnuss

- 16 gekaufte Blätterteig-Mini-Pastetchen

1. Den Schinken grob zerkleinern. Den Lauch in Scheiben schneiden. Etwa einen Esslöffel Lauch für die Garnitur beiseite legen.

2. Lauch, Schinken und Frischkäse im Cutter zu einer Creme pürieren. Würzen.

3. Die Pastetchen nach Packungsbeschrieb im Ofen aufwärmen.

4. Die Füllung in die warmen Pastetchen füllen. Mit dem Lauch garnieren.

Abbildung Seite 27

WAADTLÄNDER KÜCHLEIN

kleine Mahlzeit – für 12 Küchlein

- 1 Waadtländer Saucisson, ca. 400 g, oder eine andere Brühwurst
- 2 Lauchstangen
- 1 EL Butter
- 100 ml/1 dl trockener Weißwein
- 100 g/1 dl süße Sahne/Rahm
- Meersalz/Pfeffer aus der Mühle

- 1 gekaufter Blätterteig, rund ausgerollt

1. Die Wurst mit Wasser bedeckt aufkochen, auf kleinstem Feuer 40 Minuten ziehen, dann erkalten lassen.

2. Den Lauch in Scheiben schneiden und in der Butter kurz dünsten. Mit dem Weißwein angießen, aufkochen und offen kochen lassen, bis fast alle Flüssigkeit verdunstet ist. Die süße Sahne beifügen, mit Salz und Pfeffer würzen. Köcheln lassen, bis die Sauce dickflüssig ist. Auskühlen lassen.

3. Den Backofen auf 200 Grad vorheizen.

4. Die Saucisson in Scheiben schneiden.

5. Aus dem Teig Rondellen ausstechen, die 2 cm größer als die Wurstscheiben sind. Die Teigrondellen in ein eingefettetes Blech legen und mit je einer Wurstscheibe belegen. Darauf den Lauch verteilen.

6. Die Küchlein im vorgeheizten Backofen bei 200 Grad auf mittlerem Einschub rund 15 Minuten backen.

Abbildung Seite 27

PIKANTE BRIOCHEGIPFEL

für ca. 24 Stück, zum Aperitif

Teig
- 20 g Hefe
- 1 EL Vollrohrzucker
- 250 g Vollkornmehl
- 1 TL Meersalz
- 2 Freilandeier
- 100 g flüssige Butter

- 1 kleine, zarte Lauchstange
- 80 g Rohschinken, am Stück
- 80 g geriebener Greyerzer Käse

1. Die Hefe mit dem Zucker flüssig rühren. Das Mehl mit dem Salz in einer Schüssel mischen. Die Eier verquirlen und mit der flüssigen Butter und der aufgelösten Hefe zum Mehl geben. Alles mischen und den Teig so lange schlagen, bis er Blasen wirft und glänzt. Den Teig zugedeckt an einem warmen Ort auf das doppelte Volumen aufgehen lassen.

2. Den Lauch fein hacken, den Rohschinken klein würfeln. Lauch, Rohschinken und Käse in den Teig kneten. Nochmals rund 20 Minuten gehen lassen.

3. Den Teig etwa 5 mm dünn ausrollen und in kleine Dreiecke schneiden. Diese zu Gipfeln formen, in ein eingefettetes Blech legen. Nochmals 20 Minuten gehen lassen.

4. Den Backofen auf 200 Grad vorheizen.

5. Die Briochegipfel im vorgeheizten Backofen bei 200 Grad auf mittlerem Einschub rund 15 Minuten backen. Warm servieren.

GEFÜLLTE BRÖTCHEN

kleine Mahlzeit

- 3 hart gekochte Freilandeier
- $1/4$ Salatgurke
- $1/2$ Bund Radieschen
- 1 zarte Lauchstange
- 300 g Vollmilchquark
- 3 EL Mayonnaise
- 1 EL Senf
- Meersalz
- Pfeffer aus der Mühle

- 8 Vollkornbrötchen

1. Die Eier schälen. Die Gurke schälen, längs halbieren und entkernen.

2. Eier, Gurken, Radieschen und Lauch fein hacken, mit dem Quark, der Mayonnaise und dem Senf vermengen. Mit Salz und Pfeffer würzen.

3. Die Brötchen aufschneiden, aber nicht durchschneiden, und aushöhlen. Mit der Quarkmasse füllen.

Tipp: Das ausgehöhlte Brot für eine Suppe verwenden.

Abbildung vorn

TATAR-DREIERLEI

kleine Mahlzeit

- 2 zarte Lauchstangen
- 100 g Fleischkäse am Stück
- 100 g rezenter Greyerzer Käse
- reichlich frische Kräuter, z. B. Schnittlauch, Petersilie, Dill
- 100 g Vollmilchquark
- 1 TL Senf
- 2 EL Kaffeesahne/-rahm
- Meersalz
- Pfeffer aus der Mühle

- 8 schöne Salatblätter

1. Den Lauch in sehr feine Scheiben schneiden. Den Fleischkäse klein würfeln. Den Käse auf einer groben Reibe raspeln. Die Kräuter fein hacken.

2. Quark, Senf, Kaffeesahne und Kräuter verrühren, mit Salz und Pfeffer würzen. Lauch, Fleischkäse und Käse mit der Quarkcreme vermengen.

3. Die Salatblätter auf Teller legen, mit dem Tatar füllen.

Tipp: Mit Toast servieren.

Auf Teller abgebildet

LAUCH-FISCH-TOAST
MIT KÄSE ÜBERBACKEN

kleine Mahlzeit

- 1 große Lauchstange
- 2 EL Olivenöl extra nativ
- 50 ml/0,5 dl trockener Weißwein
- Meersalz
- Pfeffer aus der Mühle
- 4 Fischfilets, z. B. Dorsch oder Rotzunge
- 4 Scheiben Vollkorn-Toastbrot
- 100 g Brie oder Camembert
- Paprikapulver

1. Den Backofen auf 220 Grad vorheizen.

2. Den Lauch in feine Scheiben schneiden. In einem Esslöffel Öl einige Minuten dünsten. Mit dem Weißwein angießen, offen köcheln lassen, bis fast alle Flüssigkeit verdunstet ist. Mit Salz und Pfeffer würzen.

3. Die Fischfilets in große Stücke schneiden, würzen und im restlichen Öl beidseitig je rund 1 Minute braten.

4. Das Brot im vorgeheizten Backofen bei 220 Grad auf mittlerem Einschub hellbraun rösten.

5. Den Lauch auf die Brotscheiben verteilen, die Fischstücke darauf legen. Den Käse in dünne Scheiben schneiden und auf die Fischstücke legen. Mit Paprika würzen.

6. Die Toasts im vorgeheizten Backofen bei 220 Grad auf mittlerem Einschub überbacken, bis der Käse geschmolzen ist.

KÄSE-LAUCH-SALAT
AUF BRÜSSELER ENDIVIE

kleine Mahlzeit

Salat
- 75 g Camembert
- 75 g Freiburger Vacherin
- 75 g Greyerzer Käse
- 75 g Emmentaler Käse
- 2 Birnen
- 2 zarte Lauchstangen
- 2 rote Brüsseler Endivien/roter Chicorée

Sauce
- 6 EL Rotweinessig
- Meersalz
- Pfeffer aus der Mühle
- 6 EL Olivenöl extra nativ

1. Den Käse in Würfelchen und Stäbchen schneiden.

2. Die Birnen samt Schale vierteln, das Kerngehäuse entfernen und die Fruchtviertel in dünne Spalten schneiden. Den Lauch in feine Scheiben schneiden. Die Brüsseler Endivien in Blätter zerlegen.

3. Die Brüsseler Endivie strahlenförmig auf Teller legen. Käse, Birnen und Lauch mischen und darauf anrichten. Die Sauce darüber träufeln.

POMMES «ANNA» MIT LAUCH

als Beilage zu Fleisch

- 500 g Kartoffeln
- 1 TL Meersalz
- weißer Pfeffer
- 150 g Lauchstangen
- 75 g Butter
- 2 EL Rosmarinnadeln

1. Die Kartoffeln waschen, schälen und in möglichst dünne Scheiben hobeln oder schneiden. Mit Salz und Pfeffer würzen. Den Lauch in feine Scheiben schneiden.

2. Den Backofen auf 220 Grad vorheizen.

3. Kleine Soufflé-Portionenförmchen gut einbuttern. Die Hälfte der Rosmarinnadeln in die Förmchen streuen. Die Kartoffelscheibchen auf den Boden legen. Die restlichen Kartoffelscheiben abwechslungsweise mit den Lauchscheiben dicht einschichten, dabei sehr fest zusammendrücken.

4. Die restliche Butter in Stückchen schneiden und darauf verteilen. Mit dem restlichen Rosmarin bestreuen.

5. Die Förmchen in ein Backblech stellen. Pommes «Anna» im vorgeheizten Backofen bei 220 Grad rund 30 Minuten backen. Die Kartoffelküchlein auf Teller stürzen.

PANIERTER CAMEMBERT AUF LAUCHBEET

Hauptmahlzeit

- 1,2 kg Lauchstangen
- 2 EL Butter
- 300 ml/3 dl trockener Weißwein
- 1 Gemüsebrühewürfel
- 2 Camemberts
- 1 Eigelb
- 50 g Semmelbrösel/Paniermehl
- 1 Becher (180–200 g) saure Sahne/ saurer Halbrahm, kochfest
- 6 EL Sultaninen
- Meersalz
- Pfeffer aus der Mühle
- 4 EL Preiselbeerkonfitüre

1. Den Lauch in Scheiben schneiden, in einem Esslöffel Butter kurz dünsten. Mit dem Weißwein angießen. Den Gemüsebrühewürfel zufügen. Den Lauch zugedeckt auf mittlerem Feuer einige Minuten köcheln lassen.

2. Die Camemberts mit dem Eigelb bestreichen, dann in den Semmelbröseln wenden. Die panierten Käse in der restlichen Butter auf mittlerem Feuer beidseitig 1 bis 2 Minuten braten.

3. Die saure Sahne und die Sultaninen zum Lauch geben. Das Gemüse aufkochen, mit Salz und Pfeffer abschmecken, auf einer Platte anrichten. Die beiden Käse darauf setzen. Die Preiselbeerkonfitüre separat dazu servieren.

PANIERTES KALBSBRIES
AUF LAUCHGEMÜSE

Vorspeise oder kleine Mahlzeit

- 200 g Kalbsbries/-milken
- 1 Freilandei
- 3 EL Semmelbrösel/Paniermehl
- Meersalz
- Pfeffer aus der Mühle

- 600 g dünne Lauchstangen
- 1 EL Butter
- 100 ml/1 dl trockener Weißwein
- 100 ml/1 dl Gemüsebrühe
- geriebene Muskatnuss

- 100 g Champignons
- 2 EL Butterschmalz/Bratbutter

1. Für das Kalbsbries reichlich Wasser auf-kochen. Das Bries darin auf kleinstem Feuer 5 Minuten pochieren. Aus dem Topf neh-men und unter fließendem kaltem Wasser abschrecken. Die Haut abziehen und das Bries «putzen». In Röschen teilen, diese zu-erst im verquirlten Ei, dann in den Semmel-bröseln wenden. Mit Salz und Pfeffer wür-zen.

2. Den dunkelgrünen Teil beim Lauch ent-fernen. Die Lauchstangen in etwa 5 cm lange Stücke schneiden, diese längs hal-bieren. Die Lauchstücke in der Butter düns-ten. Mit dem Weißwein und der Gemüse-brühe angießen, zugedeckt auf kleinem Feuer rund 10 Minuten köcheln lassen. Der Lauch soll noch leicht knackig sein. Mit Salz, Pfeffer und Muskatnuss würzen.

3. Die Champignons putzen und in Schei-ben schneiden. In einem Esslöffel Butter-schmalz kurz dünsten, herausnehmen. Die Pilze mit Salz und Pfeffer würzen, warm stellen.

4. Das restliche Butterschmalz in der Pilz-pfanne erhitzen, das panierte Bries darin braten.

5. Das Lauchgemüse mit einem Schaumlöf-fel aus dem Sud nehmen und auf Tellern anrichten.

6. Den Lauchsud bei starkem Feuer auf ca. 6 Esslöffel Flüssigkeit einkochen lassen, über das Gemüse träufeln. Bries und Pilze darauf anrichten.

LAUCHLASAGNE

Vorspeise

- 1 möglichst dicke Lauchstange, ca. 400 g schwer
- 1 Möhre/Karotte
- 250 g Stangen-/Staudensellerie
- 1 Tomate
- 1 EL Butter
- 3 EL trockener Vermouth, z. B. Noilly Prat
- 1 Becher (180-200 g) saure Sahne/ saurer Halbrahm, kochfest
- 2 Sternanis
- 1 TL Korianderkörner
- Meersalz
- Pfeffer aus der Mühle

1. Vom Lauch beim Wurzelansatz 3 cm wegschneiden, dann ein 12 cm langes Stück abschneiden. Dieses bis zur Mitte tief einschneiden. Die Lauchblätter sorgfältig auseinander ziehen, 12 schöne Blätter beiseite legen.

2. Den restlichen Lauch in feine Scheiben schneiden. Die Möhre schälen und klein würfeln. Den Stangensellerie in feine Scheiben schneiden. Die Tomate halbieren, den Stielansatz wegschneiden, die Kerne entfernen, die Hälften in kleine Würfel schneiden.

3. Möhren, Sellerie und Lauch in der Butter kurz dünsten. Mit dem Vermouth angießen, die Flüssigkeit bei starkem Feuer fast vollständig einkochen lassen. Die saure Sahne unterrühren, aufkochen.

4. Den Sternarnis und die Korianderkörner im Mörser zerstoßen und mit den Tomatenwürfelchen zur Sauce geben. Mit Salz und Pfeffer würzen.

5. Die 12 Lauchblätter in siedendem Salzwasser einige Minuten blanchieren. Abgießen und abtropfen lassen. Für jede Portion die Gemüsesauce großzügig zwischen drei Lauchvierecke verteilen. Mit Gemüsesauce abschließen.

Abbildung

MARINIERTER SCHAFSKÄSE AN LAUCH- VINAIGRETTE

Vorspeise oder Käsedessert

- 250 g Feta
- 1 kleine, zarte Lauchstange
- 3 EL Balsamessig
- 5 EL Olivenöl extra nativ
- Pfeffer aus der Mühle

1. Den Käse in feine Scheiben schneiden, auf einem flachen Glasteller auslegen.

2. Den Lauch in sehr feine Scheiben schneiden und auf dem Käse verteilen.

3. Den Essig mit dem Olivenöl verrühren, über den Käse träufeln. Mit Pfeffer würzen. Bis zum Servieren bei Zimmertemperatur mindestens 1 Stunde marinieren.

KARTOFFELKUGELN MIT «LANDJÄGER»-LAUCH-SAUCE

Hauptmahlzeit

Kartoffelkugeln

- 750 g Kartoffeln
- 150 g Sonnenblumenkerne
- 4 Freilandeier
- 40 g Butter
- 100 g Vollkornmehl
- Meersalz
- Pfeffer aus der Mühle
- geriebene Muskatnuss
- 1 Bund Schnittlauch

Sauce

- 1 Lauchstange
- 150 g Landjäger oder Salami, am Stück
- 1 EL Butter
- 250 ml/2,5 dl süße Sahne/Rahm
- Meersalz/Pfeffer aus der Mühle

1. Die Kartoffeln schälen und halbieren, große vierteln. Im Dampf Dampf weich kochen. Durch das Passetout/Passevite treiben, auskühlen lassen.

2. Die Sonnenblumenkerne in einer Pfanne ohne Fettzugabe rösten. Die Kerne sehr fein hacken.

3. Sonnenblumenkerne, Eier, Butter und Mehl unter das Kartoffelpüree rühren. Mit Salz, Pfeffer und Muskatnuss würzen. Schnittlauch fein schneiden, untermengen.

4. Den Lauch in Scheiben schneiden. Die Wurst in Würfelchen schneiden, in der Butter braten. Den Lauch beifügen, einige Minuten dünsten. Mit der süßen Sahne angießen. Einige Minuten köcheln lassen, dann würzen.

5. Aus der Kartoffelmasse mit zwei Esslöffeln große Kugeln formen. Die Kartoffelkugeln in reichlich kochendem Salzwasser 12 bis 15 Minuten ziehen lassen.

6. Die Kartoffelkugeln auf Tellern anrichten. Die heiße Sauce darüber gießen.

HÄHNCHENFLEISCH AN SAHNIGER LAUCHSAUCE

Hauptmahlzeit

- 1 kleine Lauchstange
- 3 Knoblauchzehen
- 50 g Sonnenblumenkerne
- 200 g/2 dl süße Sahne/Rahm
- Meersalz/Pfeffer aus der Mühle
- 800 g geschnetzeltes Hähnchen-/Pouletfleisch
- 2 EL Butter

1. Den Lauch grob zerkleinern, zusammen mit dem Knoblauch und den Sonnenblumenkernen im Cutter fein hacken. Das Gehackte mit der süßen Sahne in einem Kochtopf verrühren, aufkochen und einige Minuten köcheln lassen. Würzen.

2. Das Fleisch in der Butter 2 bis 3 Minuten braten, zur Sauce geben und nochmals aufkochen.

LAUWARMER LAUCH NACH WINZERART

für 4 Personen als Vorspeise oder
2 Personen als Hauptmahlzeit

- 800 g Lauchstangen, alle gleich dick
- 350 ml/3,5 dl Gemüsebrühe

Vinaigrette
- 1/2 gekochte Rote Bete/Rande
- 1 kleine Zwiebel
- reichlich frische Kräuter,
  z. B. Petersilie, Schnittlauch, Kerbel
- 2 EL Pfefferessig oder ein anderer
  Weißweinessig
- 100 ml/1 dl Lauchsud
- Senf
- Meersalz
- Pfeffer aus der Mühle
- 4 EL Olivenöl extra nativ

1. Den dunkelgrünen Teil beim Lauch entfernen. Die Lauchstange schräg in ca. 10 cm
lange Stücke schneiden. Die Gemüsebrühe
aufkochen, die Lauchstücke darin 12 bis
14 Minuten kochen, sie sollen noch leicht
knackig sein. Den Lauch aus dem Sud nehmen, in eine tiefe Schüssel legen.

2. Für die Vinaigrette die Rote Bete schälen
und möglichst klein würfeln. Die Zwiebel
und die Kräuter fein hacken. Essig, Lauchsud, Senf, Gewürze und Öl zu einer Sauce
rühren. Rote Beten, Zwiebeln und Kräuter
dazugeben.

3. Die Vinaigrette über den Lauch verteilen. Lauwarm oder kalt servieren.

KARTOFFELSUPPE MIT KUTTELN UND LAUCH

Hauptmahlzeit

- 300 g Kartoffeln
- 1 Zwiebel
- 1 Knoblauchzehe
- 1 EL Öl
- 300 ml/3 dl trockener Weißwein
- 1,2 l Fleischbrühe
- 400 g Lauchstangen
- 350 g gekochte Kutteln/Kaldaunen,
  am Stück
- 100 g saure Sahne/saurer Halbrahm,
  kochfest
- Meersalz
- Pfeffer aus der Mühle

1. Die Kartoffeln schälen und in kleine
Würfel schneiden. Die Zwiebel und den
Knoblauch fein hacken.

2. Zwiebeln und Knoblauch im Öl dünsten.
Die Kartoffeln beigeben. Mit dem Weißwein und der Fleischbrühe aufgießen, aufkochen und auf kleinem Feuer zugedeckt
40 Minuten köcheln lassen. Die Suppe
pürieren.

3. Den Lauch in feine Scheiben, die Kutteln
in Streifchen schneiden, beides zur Suppe
geben. Die saure Sahne beifügen, die
Suppe aufkochen und 10 Minuten auf kleinem Feuer köcheln lassen. Mit Salz und
Pfeffer abschmecken.

Tipp: Mit ofenfrischem Brot servieren.

PILZ-GEMÜSE-PIE

Für eine Pieform von
24–26 cm Durchmesser

für 4–6 Personen als Hauptmahlzeit

- 400 g Kartoffeln
- 4 Möhren/Karotten
- 3 Lauchstangen
- 150 g Schinken
- 400 g Pilze, z.B. Pfifferlinge/Eier-
  schwämme, Champignons, Morcheln
- 2 EL Butter
- 150 g/1,5 dl süße Sahne/Halbrahm
- Meersalz
- Pfeffer aus der Mühle
- geriebene Muskatnuss

- 1 rund ausgerollter Kuchenteig
- 1 Eigelb zum Bestreichen

1. Die Kartoffeln schälen und in kleine Würfel schneiden. Die Möhren schälen und in Scheiben schneiden. Den Lauch in Scheiben, den Schinken in Streifchen schneiden. Die Pilze putzen und in Scheiben schneiden, halbieren oder vierteln, je nach Größe.

2. Gemüse, Schinken und Pilze in der Butter dünsten. Mit der süßen Sahne angießen, einige Minuten zugedeckt auf kleinem Feuer köcheln lassen. Mit Salz, Pfeffer und Muskatnuss würzen, in eine Pieform füllen und auskühlen lassen.

3. Den Backofen auf 180 Grad vorheizen.

4. Den Teig auf die Arbeitsfläche legen, in der Mitte ein Kreuz einschneiden, die Ecken zurückschlagen, so dass ein offenes Quadrat entsteht. Den Teig auf die Pieform legen und am Rand mit Eigelb ankleben. Nach Belieben verzieren und mit dem restlichen Eigelb bestreichen.

5. Die Pie im vorgeheizten Backofen bei 180 Grad auf mittlerem Einschub 20 bis 25 Minuten backen. Heiß mit einem grünen oder gemischten Salat servieren.

Tipp: Den Kuchenteig nach Belieben selbst herstellen, siehe Lauch-Fisch-Quiche, Seite 54.

RINDERZUNGE MIT LAUCHVINAIGRETTE

Hauptmahlzeit

- 1 möglichst kleine, ungesalzene Rinder- oder Kalbszunge
- Meersalz

Vinaigrette
- 1 Stück frische Ingwerwurzel
- 3 zarte Lauchstangen
- 6 EL Balsamessig
- Meersalz
- Pfeffer aus der Mühle
- 100 ml/1 dl Olivenöl extra nativ

1. Die Rinderzunge in reichlich Salzwasser rund 3 Stunden garen; im Schnellkochtopf 40 Minuten. Für die Kalbszunge beträgt die Kochzeit rund 2 Stunden; im Schnellkochtopf 25 Minuten.

2. Den Ingwer schälen. Den Lauch und den Ingwer im Cutter oder von Hand sehr fein hacken.

3. Essig, Gewürze und Öl gut verrühren. Den Lauch und den Ingwer dazugeben.

4. Die Zunge schälen und in dünne Scheiben schneiden. Das Fleisch auf einer Platte anrichten. Die Vinaigrette darüber verteilen.

5. Die Zunge nach Belieben noch warm oder kalt mit knusprigem Brot servieren.

Abbildung links

BUCHWEIZEN-PFANN-KUCHEN MIT LAUCHQUARK

Hauptmahlzeit

Pfannkuchen
- 2 Freilandeier
- 350 ml/3,5 dl Milch
- 150 g Buchweizenmehl
- 1 Prise Meersalz
- 1 EL Butterschmalz/Bratbutter

Füllung
- 1 Lauchstange
- 1 Schalotte
- 1 EL Butter
- 500 g Halbfettquark
- $1/2$ Zitrone, Saft
- 1 TL Senf
- Meersalz/Pfeffer aus der Mühle

1. Die Eier und die Milch verquirlen, das Mehl und das Salz dazugeben, zu einem glatten Teig rühren. Rund 1 Stunde zugedeckt ruhen lassen.

2. Den Lauch in feine Scheiben schneiden, die Schalotte fein hacken, beides in der Butter 1 Minute dünsten. Auskühlen lassen.

3. Lauch und Quark vermischen. Mit Zitronensaft, Senf, Salz und Pfeffer abschmecken.

4. Aus dem Teig in einer Bratpfanne in wenig Butterschmalz 4 Pfannkuchen braten.

5. Die Füllung auf die Pfannkuchen verteilen, diese einmal einschlagen.

LAUCH-SAUERKRAUT-KUCHEN

Für eine Springform von
26 cm Durchmesser

Hauptmahlzeit

Teig
- 230 g Vollkornmehl
- wenig Meersalz
- 100 g Crème fraîche
- 1 EL Essig
- 60 g Butter

Füllung
- 2 Lauchstangen
- 1 EL Öl
- 500 g rohes Sauerkraut
- 200 ml/2 dl trockener Weißwein
- Meersalz
- Pfeffer aus der Mühle
- 150 g/1,5 dl süße Sahne/Rahm
- 50 g Korinthen
- 1 große, gepökelte Schweinshaxe/
  Wädli, gekocht

1. Mehl, Salz, Crème fraîche und Essig in eine Schüssel geben. Die Butter in Stücke schneiden und beifügen. Alles zu einem glatten, geschmeidigen Teig verarbeiten. Nicht kneten. Den Teig in Klarsichtfolie wickeln und 1 Stunde kühl stellen.

2. Den Lauch in Scheiben schneiden, im Öl kurz dünsten. Das Sauerkraut beifügen und mitdünsten. Mit dem Weißwein angießen. Mit Salz und Pfeffer würzen. Rund 60 Minuten zugedeckt auf kleinem Feuer köcheln lassen. Die süße Sahne und die Korinthen beifügen und so lange köcheln lassen, bis fast alle Flüssigkeit verdunstet ist. Auskühlen lassen.

3. Das Haxenfleisch klein würfeln, unter das Sauerkraut mischen.

4. Den Backofen auf 200 Grad vorheizen.

5. Zwei Drittel des Teiges ausrollen und den Boden der eingefetteten Springform damit auslegen. Aus dem restlichen Teig eine Rolle formen, diese an den Springformrand auf den Teig legen. Mit dem Daumen einen hohen Teigrand formen. Die Füllung darauf verteilen.

6. Den Sauerkrautkuchen im vorgeheizten Backofen bei 200 Grad auf mittlerem Einschub etwa 30 Minuten backen.

LAUCH-CANNELLONI MIT GEMÜSEFÜLLUNG

kleine Mahlzeit

- 3 sehr dicke Lauchstangen
- 3 Möhren/Karotten
- 2 Zucchini
- 1 EL Butter
- 1 EL Mehl
- 2 Becher (je 180-200 g) saure Sahne/ saurer Halbrahm, kochfest
- 1 Stück frische Ingwerwurzel
- Meersalz
- Pfeffer aus der Mühle
- 2 Tomaten
- 150 g geriebener Greyerzer Käse

1. Vom Lauch wird der weiße Teil für die Cannelloni verwendet. Die grünen Teile entfernen. Die weißen Teile in ca. 8 cm lange Stücke schneiden. Die Lauchrohre sorgfältig auseinander stoßen; das geht am besten mit dem Stiel eines Esslöffels, den man in der Mitte ansetzt und langsam nach innen stößt. Die äußeren Rohre mit dem größten Durchmesser für die Cannelloni verwenden.

2. Die Möhren schälen. Möhren, Zucchini und restlichen Lauch im Cutter oder von Hand sehr fein hacken. Das Gemüse in der Butter kurz dünsten. Das Mehl darüber stäuben, alles gut mischen, mit der sauren Sahne auffüllen, aufkochen. Den geschälten Ingwer dazureiben. Mit Salz und Pfeffer abschmecken.

3. Den Backofen auf 200 Grad vorheizen.

4. Die Lauchrohre mit der Gemüsemasse satt füllen. Das restliche Gemüse in eine eingefettete Gratinform geben. Die Tomaten halbieren, den Stielansatz und die Kerne entfernen, klein würfeln und auf dem Gemüse verteilen. Die Cannelloni darauf legen. Den Käse darüber streuen.

5. Die Cannelloni im vorgeheizten Backofen bei 200 Grad auf mittlerem Einschub rund 15 Minuten backen.

ZUCKERMAISSALAT MIT LAUCH UND SCHINKEN

Vorspeise

- 2 Zuckermaiskolben oder
  1 Dose abgetropfte Maiskörner
  (ca. 280 g)
- 2 zarte Lauchstangen
- 4 Scheiben Schinken
- 1 Bund Petersilie
- 1 Avocado

Sauce
- 3 EL Crème fraîche
- 3 EL Mayonnaise
- 3 EL Weißweinessig
- 1 TL Senf
- Meersalz
- Pfeffer aus der Mühle

1. Die Maiskolben im Dampf garen, je nach Reifegrad und Frische der Kolben 20 bis 30 Minuten. Auskühlen lassen. Die Maiskörner mit einem scharfen Messer vom Kolben schneiden.

2. Den Lauch in feine Scheiben, den Schinken in Vierecke schneiden. Die Petersilie grob hacken.

3. Die Avocado schälen, halbieren, den Stein entfernen. Die Fruchthälften in Scheiben schneiden.

4. Für die Sauce Crème fraîche, Mayonnaise, Essig und Senf verrühren, mit Salz und Pfeffer würzen.

5. Maiskörner, Lauch, Schinken, Avocado und Petersilie mit der Sauce vermengen.

Abbildung hinten

KÄSE-LAUCH-SALAT

kleine Mahlzeit

Salat
- 200 g Emmentaler Käse
- 2 zarte Lauchstangen
- 200 g Cherrytomaten
- 200 g frischer, zarter Spinat

Sauce
- 4 EL Rotweinessig
- Meersalz
- Pfeffer aus der Mühle
- 6 EL kaltgepresstes Sonnenblumenöl

1. Den Käse und den Lauch in sehr feine Scheiben schneiden. Die Cherrytomaten halbieren, den Stielansatz entfernen.

2. Den Spinat in tiefe Teller verteilen, die übrigen Zutaten darauf anrichten. Mit der Sauce beträufeln.

Abbildung vorn

SOMMERLICHER GEMÜSESTROGANOFF

Hauptmahlzeit

- 1 Fenchel
- 1 roter Gemüsepaprika/Peperoni
- 1 grüner Gemüsepaprika/Peperoni
- 500 g zarte Lauchstangen
- 500 g Frühkartoffeln
- 1 Zwiebel
- 2 EL Olivenöl extra nativ
- 1 EL edelsüßes Paprikapulver
- 1 EL scharfes Paprikapulver
- 150 ml/1,5 dl Rotwein
- 150 ml/1,5 dl Gemüsebrühe
- Meersalz
- Pfeffer aus der Mühle
- 4 Gewürzgurken
- 1 Becher (180-200 g) saure Sahne/ saurer Halbrahm, kochfest

1. Den Fenchel in Streifen schneiden. Die Gemüsepaprika halbieren, den Stielansatz und die Kerne entfernen, in Vierecke schneiden. Den Lauch schräg in etwa 2 cm breite Stücke schneiden. Die Kartoffeln schälen, kleine Kartoffeln ganz lassen, große würfeln. Die Zwiebel fein hacken.

2. Die Zwiebel im Öl dünsten. Das Gemüse beifügen, mit dem Paprikapulver würzen und alles gut vermengen. Mit dem Rotwein und der Gemüsebrühe angießen, aufkochen. Mit Salz und Pfeffer abschmecken. Zugedeckt auf kleinem Feuer weich garen.

3. Die Gewürzgurken in feine Scheiben schneiden und mit der sauren Sahne zum Gemüse geben. Aufkochen und servieren.

Abbildung rechts

BROKKOLI-LAUCH-SUPPE MIT CURRY

Vorspeise

- 600 g Brokkoli
- 3 Lauchstangen
- 2 EL Butter
- 1 EL Currypulver
- 1 l Hühnerbrühe
- 100 g/1 dl süße Sahne/Rahm

1. Den Brokkoli in kleine Röschen teilen, den Strunk schälen und in Stäbchen schneiden. Den Lauch in Scheiben schneiden.

2. Die Butter schmelzen, das Currypulver darin dünsten. Den Lauch und den Brokkoli beifügen, kurz mitdünsten. Mit der Hühnerbrühe aufgießen, aufkochen und 30 Minuten zugedeckt auf kleinem Feuer köcheln lassen.

3. Die Suppe pürieren, mit der süßen Sahne verfeinern und nochmals aufkochen.

SCHWEINEFILET MIT LAUCHCREME

Hauptmahlzeit

Marinade
- einige grüne Pfefferkörner
- 1 TL Rosmarinnadeln
- 2 EL Cognac
- wenig abgeriebene Zitronenschale
- 1 TL Senf
- 3 EL Öl
- 2 Knoblauchzehen

- 1 Schweinefilet, ca. 400 g

Lauchcreme
- 100 g zarte Lauchstangen
- 50 g Pinienkerne
- 2 Knoblauchzehen
- 200 g Cottage Cheese/Hüttenkäse
- Meersalz
- Pfeffer aus der Mühle

1. Die Pfefferkörner gut zerdrücken, die Rosmarinnadeln hacken. Sämtliche Zutaten für die Marinade gut verrühren. Den Knoblauch dazupressen.

2. Das Schweinefilet großzügig mit der Marinade bestreichen. Einige Stunden zugedeckt an einem kühlen Ort marinieren. Mit Küchenpapier abtupfen.

3. Den Lauch zerkleinern, zusammen mit den Pinienkernen und dem Knoblauch im Cutter fein pürieren. Das Püree mit dem Cottage Cheese vermengen. Mit Salz und Pfeffer würzen.

4. Das Schweinefilet auf dem Grill rundum rund 15 Minuten braten. Das Fleisch in Scheiben schneiden und mit der kalten Lauchcreme servieren.

KARTOFFEL-LAUCH-SALAT MIT SPARGEL

Hauptmahlzeit

- 600 g Kartoffeln
- 4 zarte Lauchstangen
- 400 g weißer oder grüner Spargel
- 200 ml/2 dl Gemüsebrühe
- 6 Sardellenfilets
- 2 hart gekochte Freilandeier
- 15 entsteinte schwarze Oliven

Sauce
- 6 EL Obstessig
- Meersalz
- Pfeffer aus der Mühle
- 9 EL Olivenöl extra nativ
- 1 Schalotte
- 1 Bund flache Petersilie

1. Die Kartoffeln in der Schale im Dampf weich kochen. Wenig auskühlen lassen, dann schälen und in Scheiben schneiden.

2. Vom Lauch den dunkelgrünen Teil entfernen, die Stangen in ca. 4 cm lange Stücke schneiden. Den weißen Spargel ganz,

den grünen Spargel nur im unteren Drittel schälen, das Ende kappen. Den Spargel in mundgerechte Stücke schneiden.

3. Den Lauch und den Spargel mit der Gemüsebrühe in einen Kochtopf geben und knackig garen, rund 10 Minuten. In ein Sieb geben und etwas abkühlen lassen.

4. Die Sardellen halbieren, die Eier schälen und grob hacken.

5. Lauch, Spargel und Kartoffeln auf Tellern anrichten. Mit den Sardellen, den Eiern und den Oliven garnieren.

6. Die Sauce zubereiten. Die Schalotte und die Petersilie fein hacken, zur Sauce geben.

7. Die Sauce über den Salat träufeln.

KALBFLEISCHROULADE AN PAPRIKA-LAUCH-SAUCE

Hauptmahlzeit

- 8 Kalbsschnitzel, je 70 g; vom Metzger flach klopfen lassen
- Meersalz
- Pfeffer aus der Mühle
- 40 g geriebener Parmesan
- 8 große Salbeiblätter
- 8 dünne geräucherte Speckscheiben
- Öl zum Braten

Sauce
- 1 roter Gemüsepaprika/Peperoni
- 2 Lauchstangen
- 1 EL Butter
- 2 EL Cognac
- 100 ml/1 dl Gemüsebrühe
- 2 EL Senf
- 1 TL weiße Senfkörner
- 1 Bund flache Petersilie

1. Die Schnitzel mit Salz und Pfeffer würzen und mit dem Käse bestreuen. Darauf je ein Salbeiblatt und eine Scheibe Speck legen. Sorgfältig einrollen und mit einem Zahnstocher fixieren.

2. Den Gemüsepaprika halbieren, den Stielansatz und die Kerne entfernen, mit dem zerkleinerten Lauch im Cutter fein hacken. Das Gemüse in der Butter dünsten, mit dem Cognac angießen, aus der Pfanne nehmen.

3. In der Gemüsepfanne die Gemüsebrühe, den Senf und die Senfkörner unter Rühren aufkochen, einige Minuten zugedeckt köcheln lassen. Das gedünstete Gemüse beifügen, mit Salz und Pfeffer abschmecken.

4. Die Fleischrouladen entweder auf dem Grill oder in der Pfanne im Öl braten.

5. Die Fleischrouladen auf Tellern anrichten, mit der Paprika-Lauch-Sauce umgießen. Die fein gehackte Petersilie darüber streuen.

SOMMERLICHE HOHLNUDELN

Hauptmahlzeit

- 3 Frühlingszwiebeln
- 3 Lauchstangen
- 2 EL Butter
- 2 geräucherte Forellenfilets
- 200 g/2 dl süße Sahne/Rahm
- $1/2$ Zitrone, abgeriebene Schale
- Pfeffer aus der Mühle
- Meersalz nach Belieben
- 500 g Hohlnudeln oder andere Nudeln/Teigwaren

1. Die Frühlingszwiebeln samt Grün in Scheiben respektive Ringe schneiden. Den Lauch in Längsrichtung in möglichst feine Streifen schneiden. Zwiebeln und Lauch in der Butter dünsten, aus der Pfanne nehmen.

2. Die Forellenfilets in Würfel schneiden und in der Gemüsepfanne kurz braten. Mit der süßen Sahne angießen. Die Zitronenschalen beifügen, einige Minuten zugedeckt auf kleinem Feuer köcheln lassen. Mit Pfeffer und eventuell Salz abschmecken. Das Lauch-Zwiebel-Gemisch untermischen.

3. Die Hohlnudeln in reichlich Salzwasser al dente kochen, abgießen.

4. Die Hohlnudeln mit der Sauce vermengen, nochmals erhitzen.

Abbildung links

MARINIERTER LAUCH

als Vorspeise oder als Beilage zu Fleisch

- 800 g sehr dünne Lauchstangen
- 1 1/2 l Wasser
- 1 EL Meersalz
- 1 TL Vollrohrzucker
- 1 EL Butter

Vinaigrette
- 1 Tomate
- 1 Zwiebel
- 2 Gewürzgurken
- reichlich frische Kräuter, z. B. Petersilie, Basilikum, Schnittlauch
- 6 EL Balsamessig
- Meersalz
- Pfeffer aus der Mühle
- 100 ml/1 dl Olivenöl extra nativ

1. Den dunkelgrünen Teil beim Lauch entfernen. Den Rest schräg in ca. 10 cm lange Stücke schneiden. Wasser, Salz, Zucker und Butter aufkochen. Den Lauch beifügen und auf kleinem Feuer kochen, bis er knapp weich ist. Aus dem Sud nehmen, gut abtropfen lassen.

2. Die Tomate halbieren, den Stielansatz und die Kerne entfernen. Zwiebel, Gurken, Kräuter und Tomate sehr fein hacken. Aus dem Essig, Salz, Pfeffer und Öl eine Sauce zubereiten. Übrige Zutaten dazugeben.

3. Den Lauch auf Tellern anrichten. Die Vinaigrette darüber verteilen. Noch lauwarm oder kalt servieren.

LAUCH-FISCH-QUICHE

für ein Kuchenblech von
26 cm Durchmesser

für 4 Personen als Hauptmahlzeit

Kuchenteig

- 200 g Dinkelweißmehl
- $1/2$ TL Meersalz
- 75 g kalte Butter, in Stückchen
- 5–6 EL Wasser

- oder 1 gekaufter Kuchenteig, rund ausgerollt

Belag

- 500 g Lauchstangen
- 1 EL Butter
- 100 ml/1 dl trockener Weißwein
- Meersalz
- Pfeffer aus der Mühle
- 300 g Fischfilets, z. B. Dorsch
- 2 Freilandeier
- 250 g Vollmilchquark
- 100 ml/1 dl Milch
- 1 Briefchen Safranpulver
- geriebene Muskatnuss

1. Das Mehl mit dem Salz in einer Schüssel mischen. Die Butter beifügen, zwischen den Fingern mit dem Mehl krümelig reiben. Das Wasser dazugeben, das Ganze rasch zu einem Teig zusammenfügen, nicht kneten. Den Teig in Klarsichtfolie wickeln und rund 1 Stunde kühl stellen.

2. Den dunkelgrünen Teil beim Lauch entfernen. Den Rest schräg in etwa 3 cm lange Stücke schneiden, in der Butter einige Minuten dünsten. Mit dem Weißwein angießen, offen köcheln lassen, bis alle Flüssigkeit verdunstet und der Lauch weich ist. Mit Salz und Pfeffer würzen, auskühlen lassen.

3. Den Backofen auf 220 Grad vorheizen.

4. Den Teig rund ausrollen. In das eingefettete Kuchenblech legen. Mit einer Gabel mehrmals einstechen und im vorgeheizten Backofen bei 220 Grad auf mittlerem Einschub 10 Minuten vorbacken.

5. Backofen auf 180 Grad zurückstellen.

6. Die Fischfilets in Würfel schneiden, mit Salz und Pfeffer würzen.

7. Eier, Quark und Milch verrühren. Mit Salz, Pfeffer, Safran und Muskatnuss würzen. Den Lauch und den Fisch dazugeben. Die Füllung auf den Teigboden verteilen.

8. Die Lauch-Fisch-Quiche im vorgeheizten Backofen bei 180 Grad auf mittlerem Einschub rund 20 Minuten fertig backen.

*Abbildung
oben: Garnelen-Lauch-Quiche, Rezept
Seite 56
unten: Lauch-Fisch-Quiche*

GARNELEN-LAUCH-QUICHE

für ein Kuchenblech von
26 cm Durchmesser

für 4 Personen als Hauptmahlzeit

- 600 g Lauchstangen
- 1 Schalotte
- 2 EL Butter
- 100 ml/1 dl trockener Weißwein
- 8 Garnelen/Riesenkrevetten
- 300 g Blätterteig
- 3 Freilandeier
- 300 ml/3 dl Milch
- Meersalz
- Pfeffer aus der Mühle
- 3 Zweige Dill

1. Den Lauch in Scheiben schneiden. Die Schalotte fein hacken.

2. Die Schalotten in der Butter dünsten. Den Lauch beifügen und etwa 3 Minuten mitdünsten. Mit dem Weißwein angießen, aufkochen und bei starkem Feuer kochen lassen, bis fast alle Flüssigkeit verdunstet ist. Auskühlen lassen.

3. Die Riesengarnelen längs halbieren.

4. Den Backofen auf 220 Grad vorheizen.

5. Den Teig ausrollen und in das Blech legen. Den Teigboden mit einer Gabel mehrmals einstechen. Die Garnelen und den Lauch darauf verteilen.

6. Die Eier mit der Milch verquirlen, mit Salz und Pfeffer würzen. Den Dill hacken und beifügen. Über die Füllung gießen.

7. Die Quiche im vorgeheizten Backofen bei 220 Grad auf mittlerem Einschub rund 20 Minuten backen.

Abbildung Seite 55

BUNTER SOMMERSALAT

kleine Mahlzeit

- 200 g schwarze Bohnen
- Meersalz
- 1 Zwiebel
- 2 Tomaten
- 2 zarte Lauchstangen
- 200 g Garnelen/Riesenkrevetten

Sauce
- 6 EL Weißweinessig
- 3 EL Magerquark
- 1 EL Tomatenmark
- 1 TL Senf
- 1 Prise Chilipulver
- 2 Prisen Meersalz
- 6 EL kaltgepresstes Sonnenblumenöl

1. Die Bohnen über Nacht in kaltem Wasser einweichen. Das Wasser weggießen. Die Bohnen im Dampfkochtopf gut mit Wasser bedeckt während rund 20 Minuten weich kochen, abtropfen lassen, wenig salzen.

2. Die Zwiebel in Scheiben schneiden. Bei den Tomaten den Stielansatz entfernen, die Früchte würfeln. Den Lauch in feine Scheiben schneiden.

3. Sämtliche Zutaten mit der Sauce mischen.

ÜBERBACKENE SOLESFILETS

Vorspeise

Sauce
- 2 Eigelb von Freilandeiern
- 2 EL Zitronensaft
- 100 g Butterstückchen
- 1 Stück Meerrettichwurzel
- Meersalz/Pfeffer aus der Mühle

- 150 g Champignons
- 2 Lauchstangen
- 1 EL Butter
- 4 Sole- oder andere dünne Fischfilets

1. Das Eigelb in eine Schüssel geben, diese in ein heißes Wasserbad stellen. Den Zitronensaft mit dem Schneebesen unter das Eigelb rühren. Einige Butterstückchen beifügen, auf mittlerem Feuer rühren, bis die Masse luftig ist. Sie darf auf keinen Fall kochen, sonst gerinnt das Eigelb. Den Kochtopf vom Feuer ziehen und die restlichen Butterstückchen unterrühren. Nun sollte die Sauce dickflüssig sein. Meerrettich auf einer feinen Reibe dazureiben. Würzen.

2. Den Backofen auf 200 Grad vorheizen.

3. Die Champignons putzen und in feine Scheiben schneiden. Den Lauch ebenfalls in Scheiben schneiden. Champignons und Lauch in der Butter kurz dünsten. In eine Gratinform verteilen. Die Fischfilets darauf legen. Die Sauce darüber gießen.

4. Die Fischfilets im vorgeheizten Backofen bei 200 Grad auf mittlerem Einschub rund 8 Minuten überbacken.

FISCHGRATIN

Hauptmahlzeit

- 250 g Langkorn-Naturreis
- 750 ml/7,5 dl schwache Gemüsebrühe
- 2 Lauchstangen
- 1 EL Butter
- Meersalz
- Pfeffer aus der Mühle
- 4 Garnelen/Riesenkrevetten
- 1 EL Cognac, nach Belieben
- 300 g Fischfilets
- 2 EL Zitronensaft
- 50 g geriebener Käse, milde Sorte
- 1 Becher (180–200 g) süße Sahne/ Halbrahm

1. Den Reis in der Brühe rund 45 Minuten auf kleinem Feuer kochen lassen.

2. Den Lauch in Scheiben schneiden, in der Butter kurz dünsten. Zum Reis geben. Mit Salz und Pfeffer würzen. Das Ganze in eine eingefettete Gratinform verteilen.

3. Die Garnelen nach Belieben mit Cognac beträufeln.

4. Den Backofen auf 200 Grad vorheizen.

5. Die Fischfilets in Streifen schneiden, mit Zitronensaft, Salz und Pfeffer würzen. Auf den Reis verteilen. Den Käse darüber streuen, die süße Sahne darüber gießen. Die Garnelen darauf legen.

6. Das Gratin im vorgeheizten Backofen bei 200 Grad auf mittlerem Einschub rund 10 Minuten überbacken.

NUDELN AN SALM-LAUCH-SAUCE

Hauptmahlzeit

- 2 Lauchstangen
- 2 EL Butter
- 1 Becher (180–200 g) saure Sahne/saurer Halbrahm, kochfest
- 100 g/1 dl süße Sahne/Halbrahm
- $1/2$ Limone, abgeriebene Schale und Saft
- Meersalz
- Pfeffer aus der Mühle
- 350 g Salmfilet ohne Haut
- 500 g Nudeln

1. Den dunkelgrünen Teil beim Lauch entfernen, die Lauchstangen in etwa 5 cm lange Stücke schneiden und diese längs in Streifchen. Den Lauch in der Butter dünsten. Die saure Sahne unterrühren, aufkochen und kurz kochen lassen. Süße Sahne, Limonenschalen und Limonensaft beifügen. Die Sauce nochmals aufkochen, mit Salz und Pfeffer würzen.

2. Den Fisch in Würfel schneiden, zur Sauce geben und zugedeckt auf kleinem Feuer 3 Minuten ziehen lassen. Den Kochtopf vom Feuer ziehen.

3. Die Nudeln in reichlich Salzwasser al dente kochen. Abgießen.

4. Die heiße Sauce mit den Nudeln vermengen.

Abbildung vorn

RISOTTO MIT MEERES-FRÜCHTEN

für 4 Personen als Hauptmahlzeit oder 8 Personen als Vorspeise

- 2 Lauchstangen
- 1 Zwiebel
- 1 Knoblauchzehe
- 2 EL Olivenöl extra nativ
- 250 g Natur-Langkornreis
- 100 ml/1 dl trockener Weißwein
- 700 ml/7 dl schwache Gemüsebrühe
- 1 Briefchen Safranpulver
- 400 g gemischte tiefgefrorene Meeresfrüchte
- $1/2$ Zitrone, abgeriebene Schale und Saft
- Meersalz
- Pfeffer aus der Mühle

1. Den Lauch in Scheiben schneiden. Die Zwiebel und den Knoblauch fein hacken, mit dem Lauch im Olivenöl kurz dünsten. Aus der Pfanne nehmen.

2. Den Reis in der Lauchpfanne unter Rühren glasig dünsten, mit dem Weißwein und der Gemüsebrühe angießen. Das Safranpulver zufügen. Aufkochen und ca. 45 Minuten zugedeckt auf kleinem Feuer köcheln lassen, von Zeit zu Zeit rühren. Die Meeresfrüchte und den Lauch beifügen, nochmals rund 5 Minuten köcheln lassen. Den Risotto mit Zitronensaft, abgeriebener Zitronenschale, Salz und Pfeffer abschmecken und servieren.

Abbildung hinten

LAUCH-FISCH-SUPPE

Hauptmahlzeit

- 4 Lauchstangen
- 2 Möhren/Karotten
- 1 Fenchel
- 2 EL Olivenöl extra nativ
- 200 ml/2 dl trockener Weißwein
- einige Safranfäden
- 1,8 l Gemüsebrühe
- 250 ml/2,5 dl Fischfond
- 400 g fest kochende Kartoffeln
- 1 Knoblauchzehe
- weißer Pfeffer aus der Mühle
- 600 g feste Fischfilets, z. B. Dorsch, Goldbrasse oder Seebarsch
- 1 EL Pernod

1. Den Lauch in Scheiben schneiden. Die Möhren schälen und in Stäbchen schneiden. Den Fenchel in Streifen schneiden, das Grün grob hacken und für die Garnitur beiseite legen.

2. Das Gemüse im Öl dünsten. Mit dem Weißwein angießen. Die Safranfäden beifügen, aufkochen und die Flüssigkeit bei starkem Feuer auf die Hälfte einkochen lassen. Mit der Gemüsebrühe und dem Fischfond aufgießen.

3. Die Kartoffeln schälen und in Würfel schneiden. Sobald die Brühe kocht, die Kartoffeln beifügen, den Knoblauch dazupressen. Die Suppe mit Pfeffer abschmecken, auf kleinem Feuer zugedeckt 15 Minuten köcheln lassen.

4. Die Fischfilets in Stücke schneiden und in die Suppe geben, 5 Minuten ziehen lassen. Mit Pernod abschmecken, anrichten und mit dem Fenchelkraut garnieren.

Abbildung links

FISCHRAGOUT AN MAIS-LAUCH-SAUCE

Hauptmahlzeit

- 2 Zuckermaiskolben oder 1 Dose Maiskörner, ca. 280 g Abtropfgewicht
- 100 ml/1 dl Kaffeesahne/-rahm
- 2 Lauchstangen
- 600 g feste Fischfilets, z. B. Meerteufel oder Dorsch
- Meersalz/Pfeffer aus der Mühle

1. Die Maiskolben in 300 ml/3 dl Wasser weich garen, etwa 40 Minuten, je nach Reifegrad und Frische der Kolben. Im Sud auskühlen lassen. Die Maiskörner mit einem scharfen Messer vom Kolben schneiden, mit 150 ml/1,5 dl Kochflüssigkeit und der Kaffeesahne im Mixer fein pürieren. Dosenmaiskörner mit dem Saft und der Kaffeesahne pürieren. Durch ein Sieb streichen.

2. Den Lauch in feine Scheiben schneiden. Den Fisch in Stücke scheiden.

3. Die Maissauce aufkochen, würzen. Den Lauch und den Fisch beifügen, auf kleinem Feuer kurz ziehen lassen.

Tipp: Mit Trockenreis servieren.

GREYERZER SCHNITZEL

Hauptmahlzeit

- 250 g Champignons
- 2 Lauchstangen
- 1 Zwiebel
- 1 EL Butter
- 100 g saure Sahne/saurer Halbrahm, kochfest
- Meersalz
- Pfeffer aus der Mühle
- 4 Schweinesteak,
  je ca. 120–150 g
- 2 EL Butterschmalz/Bratbutter
- Paprikapulver
- 100 ml/1 dl trockener Weißwein
- 200 g milder Greyerzer Käse

1. Die Champignons putzen und in Scheiben schneiden. Den Lauch ebenfalls in Scheiben schneiden. Die Zwiebel fein hacken.

2. Lauch und Zwiebeln einige Minuten in der Butter dünsten. Die Pilze kurz mitdünsten. Die saure Sahne zufügen, kurz köcheln lassen, mit Salz und Pfeffer würzen. Die Mischung in eine Gratinform füllen.

3. Den Backofen auf 220 Grad vorheizen.

4. Das Fleisch im Butterschmalz beidseitig je ca. 2 Minuten braten. Mit Salz, Pfeffer und Paprika würzen, auf das Gemüse legen.

5. Den Bratfond mit dem Weißwein ablöschen, aufkochen und über das Fleisch gießen.

6. Den Käse in 8 Scheiben schneiden, auf jedes Steak zwei Käsescheiben legen, mit Paprika bestreuen.

7. Die Greyerzer Schnitzel im vorgeheizten Backofen bei 220 Grad auf mittlerem Einschub ca. 10 Minuten überbacken.

Abbildung links

BÜNDNER SALAT

Hauptmahlzeit

- 1 l Gemüsebrühe
- 300 g Rollgerste
- 125 g Frischkäse mit Kräutern
- 6 EL Weißweinessig
- 200 g Salsiz oder Salami am Stück
- 2 zarte Lauchstangen

1. Die Gemüsebrühe aufkochen, die Gerste beifügen und zugedeckt auf kleinem Feuer während ca. 45 Minuten köcheln, bis alle Flüssigkeit aufgesogen ist.

2. Den Frischkäse und den Essig mit der noch warmen Gerste verrühren.

3. Salsiz oder Salami schälen und klein würfeln. Den Lauch in sehr feine Scheiben schneiden. Beides zur Gerste geben und gut vermengen. Schmeckt lauwarm sehr gut.

Tipp: Wird der Salat kalt serviert, muss man ihm vor dem Servieren noch etwas Flüssigkeit zufügen (Brühe, Milch oder Essig).

APPENZELLERFLADEN

für ein Kuchenblech von
26–28 cm Durchmesser

für 4 bis 6 Personen als Hauptmahlzeit

Kuchenteig

- 300 g Vollkornmehl
- $1/2$ TL Meersalz
- 150 g Butter
- 100 ml/1 dl Wasser
- 1 EL Essig

- oder 500 g gekaufter Kuchenteig

Füllung

- 400 g Kartoffeln
- 1 Zwiebel
- 2 Lauchstangen
- 1 EL Butter
- 150 g Appenzeller Käse
- 2 Äpfel
- Meersalz
- Pfeffer
- 1 Freilandei
- 200 g/2 dl süße Sahne/Halbrahm
- Meersalz
- Pfeffer aus der Mühle

1. Den Teig herstellen wie bei der Lauch-Fisch-Quiche, Seite 54, beschrieben, gleichzeitig mit dem Wasser den Essig beifügen.

2. Die Kartoffeln in der Schale im Dampf weich kochen, etwas abkühlen lassen, dann schälen und in feine Scheiben schneiden.

3. Die Zwiebel und den Lauch in Scheiben schneiden, in der Butter kurz dünsten. Auskühlen lassen.

4. Den Käse in feine Scheiben schneiden. Die Äpfel schälen, vierteln und das Kerngehäuse entfernen. Die Fruchtviertel in Spalten schneiden.

5. Den Backofen auf 200 Grad vorheizen.

6. Zwei Drittel des Teiges ausrollen und das eingefettete Kuchenblech damit auslegen. Kartoffeln, Lauch, Käse und Äpfel auf den Teigboden verteilen. Mit Salz und Pfeffer würzen.

7. Den restlichen Teig ausrollen und in 1 cm breite Streifen schneiden. Den Kuchen gitterartig damit belegen. Das Ei mit der süßen Sahne verquirlen, das Teiggitter mit wenig Sahne-Ei-Mischung bepinseln.

8. Den Appenzellerfladen im vorgeheizten Backofen bei 200 Grad auf mittlerem Einschub 25 Minuten backen. Die Sahne-Ei-Mischung in die Gitterzwischenräume gießen. Den Kuchen während 15 Minuten fertig backen.

GEMÜSE-LINSEN-LASAGNE

Hauptmahlzeit

- 100 g braune Linsen
- $^1/_2$ Chinakohl
- 250 g Champignons
- 1 Zwiebel
- 1 Knoblauchzehe
- 2 Zweige Oregano
- 2 Lauchstangen
- 2 EL Olivenöl extra nativ
- 1 große Dose Pelati (800 g)
- Meersalz
- Pfeffer aus der Mühle

Béchamelsauce
- 40 g Butter
- 40 g Mehl
- 600 ml/6 dl Milch
- geriebene Muskatnuss

- ca. 300 g Vollkorn-Lasagneblätter
- 100 g geriebener Parmesan

1. Die Linsen in reichlich Wasser knapp weich kochen. Abgießen.

2. Den Chinakohl in Streifen schneiden, die Champignons putzen und in feine Scheiben schneiden. Zwiebel, Knoblauch und Oregano fein hacken. Den Lauch in feine Scheiben schneiden. Bei den Tomaten den Stielansatz entfernen, grob hacken.

3. Zwiebeln, Knoblauch, Oregano und Lauch im Öl dünsten. Den Chinakohl und die Pilze zugeben, 5 Minuten mitdünsten. Das Tomatenhack und die Linsen beifügen, 5 bis 10 Minuten köcheln lassen. Mit Salz und Pfeffer würzen.

4. Für die Béchamelsauce Butter schmelzen, das Mehl zugeben und kurz dünsten. Die Milch unter stetem Rühren dazugießen, auf kleinem Feuer 5 Minuten köcheln lassen, häufig rühren. Die Sauce mit Salz, Pfeffer und Muskatnuss würzen.

5. Die Lasagneblätter in reichlich Salzwasser al dente kochen. Abgießen. Die Blätter unter kaltem Wasser abschrecken.

6. Den Backofen auf 200 Grad vorheizen.

7. Den Boden der Gratinform mit Béchamelsauce bedecken, weiterfahren mit einer Lage Lasagneblätter, Tomatensauce, Lasagneblätter, Tomatensauce und Lasagneblätter. Den Käse unter die restliche Béchamelsauce rühren, die Lasagne damit bedecken.

8. Die Lasagne im vorgeheizten Backofen bei 200 Grad auf mittlerem Einschub rund 45 Minuten backen. Die letzten 15 Minuten mit Folie abdecken.

SPÄTZLEAUFLAUF

Hauptmahlzeit

Teig
- 300 g Vollkornmehl
- 100 g Dinkelweißmehl
- 3 Freilandeier
- 1 TL Meersalz
- geriebene Muskatnuss
- 150 ml/1,5 dl Milch
- 50 ml/0,5 dl Wasser

- 500 g dünne Lauchstangen
- 1 EL Butter
- 180 g Schinken, in Scheiben
- einige Salbeiblätter
- 100 g Reibkäse

Guss
- 2 Freilandeier
- 100 g Vollmilchquark
- 100 ml/1 dl Milch
- Meersalz
- Pfeffer

1. Für den Teig sämtliche Zutaten in eine Schüssel geben und glatt rühren. Den Teig so lange mit einem Holzlöffel rühren, bis er Blasen wirft.

2. Für das Abschrecken der Spätzle eine Schüssel mit kaltem Wasser bereitstellen.

3. In einem weiten Kochtopf reichlich Salzwasser erhitzen. Ein Holzbrett kurz ins kochende Wasser tauchen, etwas Teig darauf geben und mit einem Messer Teigstreifen vom Brett ins Wasser schaben. Die Spätzle steigen lassen, 1 bis 2 Minuten köcheln. Dann mit einem Schaumlöffel aus dem Kochwasser nehmen und im kalten Wasser abschrecken. So weiterfahren, bis der Teig aufgebraucht ist.

4. Den dunkelgrünen Teil vom Lauch entfernen, den Rest in 5 cm lange Stücke schneiden. Die Lauchstücke in der Butter dünsten und zugedeckt knackig kochen.

5. Den Backofen auf 200 Grad vorheizen.

6. Den Schinken in Streifen schneiden. Die Salbeiblätter grob hacken.

7. Spätzle, Lauch, Schinken und Salbei vermengen, in eine eingefettete Gratinform geben.

8. Für den Guss Eier, Quark und Milch glatt rühren, mit Salz und Pfeffer würzen und über die Spätzle gießen. Den Käse darüber streuen.

9. Den Spätzleauflauf im vorgeheizten Backofen bei 200 Grad auf mittlerem Einschub ca. 40 Minuten gratinieren.

PAPET VAUDOIS

für 4 bis 6 Personen als Hauptmahlzeit

- 1 kg Lauch
- 1 große Zwiebel
- 800 g Kartoffeln
- 1 EL Butter
- Meersalz
- Pfeffer aus der Mühle
- 1 Speckschwarte, nach Belieben
- 200 ml/2 dl trockener Weißwein
- 100 ml/1 dl Gemüsebrühe
- 1 Saucisson aux chou und 1 Saucisson vaudois oder 600 g andere Brühwurst

1. Den Lauch in 4 cm lange Stücke schneiden. Die Zwiebel fein hacken. Die Kartoffeln schälen und würfeln.

2. Die Zwiebeln in der Butter kurz dünsten. Den Lauch beifügen und mitdünsten. Mit Salz und Pfeffer würzen. Speckschwarte, Weißwein und Gemüsebrühe zum Lauch geben, aufkochen. Die Kartoffeln dazugeben, alles 20 Minuten zugedeckt auf kleinem Feuer köcheln lassen.

3. Die Würste auf das Gemüse legen, nochmals 30 Minuten ziehen lassen. Die Speckschwarte entfernen.

RISPOR

Hauptmahlzeit

- 1 Zwiebel
- 2 große Lauchstangen
- 2 EL Öl
- 250 g Risottoreis
- 600 ml/6 dl schwache Gemüsebrühe
- 4 geräucherte Würstchen

- 80 g geriebener Parmesan

1. Die Zwiebel fein hacken, den Lauch in feine Scheiben schneiden.

2. Die Zwiebeln im Öl dünsten, den Reis und den Lauch zufügen und kurz mitdünsten. Mit der Gemüsebrühe aufgießen. 10 Minuten zugedeckt auf kleinem Feuer köcheln lassen. Die Würstchen darauflegen, weitere 10 Minuten köcheln lassen. Den Käse separat dazu servieren.

Abbildung rechts

GEMÜSERÖSTI MIT KLEINEN FLEISCHKUGELN

Hauptmahlzeit

Fleischkugeln

- 2 Schalotten
- 300 g gehacktes Rinderfleisch
- 1 Freilandei
- Meersalz
- Pfeffer aus der Mühle
- Cayennepfeffer
- Paprikapulver
- 1 EL Öl

- 2 Lauchstangen
- 600 g Kartoffeln
- 100 ml/1 dl Fleischbrühe
- 1 Becher (180–200 g) saure Sahne/ saurer Halbrahm, kochfest
- Meersalz
- Pfeffer aus der Mühle

1. Die Schalotten fein hacken. Fleisch, Schalotten, Ei und Gewürze in einer Schüssel sehr gut vermengen. Kleine Kugeln formen.

2. Den Lauch in feine Scheiben schneiden. Die Kartoffeln schälen und auf einer groben Reibe raspeln.

3. Die Fleischkugeln im Öl braun braten. Aus der Pfanne nehmen.

4. Die Kartoffeln und den Lauch in der Fleischpfanne dünsten. Mit der Fleischbrühe und der sauren Sahne angießen. Mit Salz und Pfeffer würzen. Die Fleischkugeln darauf legen, zugedeckt 25 Minuten auf kleinem Feuer sanft ziehen lassen.

Tipp: Die Fleischkugeln können auch weggelassen werden.

SPAGETTI-PLAUSCH

Hauptmahlzeit

- 125 g Raclettekäse
- 2 Lauchstangen
- 1 EL Butter
- 250 g Frischkäse natur oder mit Kräutern
- 150 ml/1,5 dl Milch
- Meersalz
- Pfeffer aus der Mühle
- 400 g Vollkorn-Spagetti

1. Den Käse klein würfeln. Den Lauch in feine Scheiben schneiden.

2. Die Spagetti in reichlich Salzwasser al dente kochen.

3. Den Lauch in der Butter dünsten. Käse, Frischkäse und Milch zufügen, unter stetem Rühren auf mittlerem Feuer köcheln lassen, bis der Käse geschmolzen ist. Mit Salz und Pfeffer würzen. Die Spagetti mit der Sauce vermengen. Nochmals erhitzen.

GEDECKTER LAUCH-KUCHEN

Hauptmahlzeit

- 1,2 kg Lauchstangen
- 2 EL Butter
- 100 ml/1 dl trockener Weißwein
- 100 g/1 dl süße Sahne/Rahm
- 2 Freilandeier
- 500 g Vollmilchquark
- 150 g geriebener Emmentaler Käse
- Meersalz
- Pfeffer aus der Mühle
- geriebene Muskatnuss

- 250 g Blätterteig, rechteckig ausgerollt
- 1 Eigelb zum Bestreichen

1. Den Lauch in Scheiben schneiden, in der Butter kurz dünsten. Mit dem Weißwein angießen, aufkochen und kurz köcheln lassen. Die süße Sahne unterrühren, aufkochen, dann auskühlen lassen.

2. Die Eier verquirlen, mit dem Quark und dem Käse zum Lauch geben. Alles gut vermengen. Mit Salz, Pfeffer und Muskatnuss würzen. Die Lauchmasse in eine eingefettete Pie- oder Gratinform füllen.

3. Den Backofen auf 200 Grad vorheizen.

4. Aus dem Teig etwa 4 cm große Rondellen ausstechen. Diese ziegelartig auf den Lauch legen. Den Teig mit Eigelb bepinseln.

5. Den Lauchkuchen im vorgeheizten Backofen bei 200 Grad auf mittlerem Einschub rund 30 Minuten backen.

LAUCHAUFLAUF MIT KARTOFFELN UND SPECK

Hauptmahlzeit

- 500 g Lauchstangen
- 200 g durchwachsener Speck
- 600 g Kartoffeln
- 250 g geriebener Greyerzer Käse

Guss
- 350 ml/3,5 dl Milch
- 2 Freilandeier
- Meersalz
- Pfeffer aus der Mühle
- geriebene Muskatnuss

1. Den Backofen auf 180 Grad vorheizen.

2. Den Lauch in dünne Scheiben schneiden. Den Speck klein würfeln. Die Kartoffeln schälen und auf einer groben Reibe raspeln.

3. Lauch, Speck und Kartoffeln mit der Hälfte des Käses vermengen. Die Mischung in eine eingefettete Gratinform füllen.

4. Die Milch mit den Eiern gut verrühren. Den Guss mit Salz, Pfeffer und Muskatnuss würzen, in die Form gießen. Mit dem restlichen Käse bestreuen.

5. Den Auflauf im vorgeheizten Backofen bei 180 Grad auf mittlerem Einschub rund 60 Minuten backen.

TRUTHAHN-GEMÜSE-EINTOPF

Hauptmahlzeit

- 100 g Möhren/Karotten
- 1 Kohlrabi
- 2 Lauchstangen
- 150 g Zuckerschoten/Kefen oder zarte grüne Bohnen
- 1 Stück frische Ingwerwurzel
- 1 EL Butter
- 150 ml/1,5 dl Hühnerbrühe
- 1/4 TL Currypulver
- 500 g Truthahnfleisch,
- 1 Becher (180-200 g) süße Sahne/Rahm
- Meersalz
- Pfeffer aus der Mühle
- 1 reife Mango
- 1 EL Butter

1. Möhren und Kohlrabi schälen. Kleine Möhren ganz lassen, große in Scheiben schneiden. Den Kohlrabi in Stäbchen, den Lauch in Scheiben schneiden. Die Zuckerschoten oder Bohnen putzen. Die Ingwerwurzel schälen und fein reiben. Das Fleisch in 3 cm große Würfel schneiden.

2. Das Gemüse in der Butter kurz dünsten. Mit der Hühnerbrühe angießen. Ingwer und Curry zufügen, aufkochen. Das Fleisch beifügen. Auf kleinem Feuer zugedeckt 15 Minuten köcheln lassen.

4. Die Sauce in einen Kochtopf abgießen, zusammen mit der süßen Sahne zu einer dickflüssigen Sauce einköcheln lassen. Mit Salz und Pfeffer würzen, zurück in den Eintopf geben.

5. Die Mango schälen, das Fruchtfleisch vom Stein schneiden und würfeln. In der der Butter kurz braten, zum Eintopf geben.

Abbildung links

NUDEL-LAUCH-TOPF AN SENFSAUCE

Hauptmahlzeit

- 350 g Nudeln
- 3 EL Kürbiskerne
- 800 g Lauchstangen
- 2 EL Butter
- 2 Äpfel
- 150 ml/1,5 dl Gemüsebrühe
- 3 EL scharfer Senf

1. Die Nudeln in reichlich Salzwaser al dente kochen.

2. Die Kürbiskerne in einer Pfanne ohne Fettzugabe rösten.

3. Den Lauch in Scheiben schneiden und in der Butter einige Minuten dünsten, herausnehmen.

4. Die Äpfel schälen, vierteln und das Kerngehäuse entfernen. Die Fruchtviertel quer in Scheiben schneiden, in der Lauchpfanne dünsten. Mit der Gemüsebrühe angießen, den Senf unterrühren. Den Lauch und die Nudeln dazugeben, gut mischen und erhitzen. Die Kürbiskerne darüber streuen.

BAUERNOMELETTE

Hauptmahlzeit

Sauce

- 3 Zwiebeln
- 3 Knoblauchzehen
- 3 Knoblauchzehen
- 3 EL Öl
- 1 EL Tomatenmark
- 200 ml/2 dl Rotwein
- Meersalz
- Cayennepfeffer
- Paprikapulver
- 1 Prise Chilipulver

Omelette

- 600 g Kartoffeln
- 2 Äpfel
- 3 Lauchstangen
- 2 EL Butter
- Meersalz
- Pfeffer aus der Mühle
- 6 Freilandeier
- 50 ml/0,5 dl Milch
- 1 EL Kürbiskerne
- 2 EL Butterschmalz/Bratbutter

1. Die Kartoffeln im Dampf garen, etwas auskühlen lassen, dann schälen und in Scheiben schneiden.

2. Für die Sauce die Zwiebeln fein hacken, die Knoblauchzehen durchpressen, beides im Öl dünsten. Das Tomatenmark mit dem Wein glatt rühren, das Zwiebelgemisch damit angießen. Auf kleinem Feuer köcheln lassen, bis die Sauce eingedickt ist.

3. Die Äpfel vierteln und das Kerngehäuse entfernen. Die Fruchtviertel in Würfel schneiden. Den Lauch in Scheiben schneiden und in der Butter einige Minuten dünsten. Die Kartoffelscheiben und die Äpfel zufügen und kurze Zeit mitbraten. Mit Salz und Pfeffer würzen.

4. Die Eier mit der Milch verquirlen, mit Salz und Pfeffer würzen.

5. Die Kürbiskerne in einer Pfanne ohne Fettzugabe rösten.

6. Das Butterschmalz in zwei Bratpfannen erwärmen, die Eiermilch in die Pfannen gießen. Die Kartoffelmischung sogleich darauf verteilen. Omelettes auf mittlerem Feuer auf einer Seite braten, bis die Eiermasse gestockt ist. Die Kürbiskerne darüber streuen.

7. Die Rotweinsauce mit Salz, Cayennepfeffer, Paprika und Chili würzen, aufkochen und dazu servieren.

RINDERHACK MIT LINSEN UND LAUCH

Hauptmahlzeit

- 5 schwarze Pfefferkörner
- 125 g braune Linsen
- 1 Lorbeerblatt
- $1/2$ Bund Petersilie
- 1 Zwiebel
- 1 EL Öl
- 400 g gehacktes Rinderfleisch
- Meersalz/Pfeffer aus der Mühle
- 2 Lauchstangen
- 3 EL frische gehackte Kräuter
- 125 g Frischkäse mit Kräutern
- 1 Knoblauchzehe
- 1 EL Kapern

1. Die Pfefferkörner im Mörser zerstoßen. Mit den Linsen, dem Lorbeerblatt und der Petersilie in einen Kochtopf geben. Reichlich Wasser dazugießen, die Linsen knapp weich kochen. Petersilie entfernen. Die Linsen abgießen, dabei 150 ml/1,5 dl Kochflüssigkeit auffangen und mit den Linsen zurück in den Kochtopf geben.

2. Die Zwiebel fein hacken und im Öl dünsten. Das Fleisch zufügen, kräftig anbraten. Würzen, zu den Linsen geben.

3. Den Lauch in sehr feine Scheiben schneiden, mit den Kräutern und dem Frischkäse zu den Linsen geben. Den Knoblauch dazupressen. Kochen lassen, bis der Käse geschmolzen ist. Mit Salz und Pfeffer abschmecken. Die Kapern darüber streuen.

ÜBERBACKENE SCHINKEN-LAUCH-ROLLEN

Hauptmahlzeit

- 4 dünne Lauchstangen
- 1 EL Butter
- 3 EL trockener Weißwein
- 8 dünne Scheiben Schinken

Sauce
- 300 g/3 dl süße Sahne/Halbrahm
- 2 EL Tomatenmark
- 1 TL Paprikapulver
- 2 TL Currypulver
- Meersalz
- 2 EL Marsala oder Madeira

1. Den dunkelgrünen Teil beim Lauch entfernen. Die Stangen quer halbieren, so dass 8 gleich große Portionen entstehen.

2. Die Lauchstücke in der Butter dünsten. Mit dem Wein angießen, aufkochen und zugedeckt rund 8 Minuten dünsten.

3. Den Backofen auf 180 Grad vorheizen.

4. Die Lauchstücke in den Schinken einrollen, in eine eingefettete Gratinform legen.

5. Für die Sauce süße Sahne, Tomatenmark, Gewürze, Marsala oder Madeira und restlichen Lauchsud gut verrühren. Über die Lauchrollen gießen.

6. Die Lauchrollen im vorgeheizten Backofen bei 180 Grad auf mittlerem Einschub rund 15 Minuten backen.

Tipp: Mit Kartoffelpüree servieren.

BUNTER GEMÜSEAUFLAUF MIT TOFU

Hauptmahlzeit

- 400 g Kartoffeln
- 3 Lauchstangen
- 1 Möhre/Karotte
- 100 g grüne Erbsen
- 1 EL Butter
- 250 g Tofu
- Meersalz
- Pfeffer aus der Mühle
- geriebene Muskatnuss

Guss
- 250 ml/2,5 dl Milch
- 125 g Frischkäse
- 1 Freilandei
- 100 g geriebener Emmentaler Käse
- 1 Knoblauchzehe

1. Die Kartoffeln im Dampf in der Schale garen, etwas abkühlen lassen, dann schälen und in Scheiben schneiden.

2. Den Lauch in Scheiben schneiden. Die Möhre schälen und in Stäbchen schneiden. Lauch, Möhren und grüne Erbsen in der Butter dünsten.

3. Den Backofen auf 180 Grad vorheizen.

4. Den Tofu in Stäbchen schneiden, zusammen mit den Kartoffeln und dem Gemüse in eine Gratinform einschichten, mit Salz und Pfeffer würzen.

5. Milch, Frischkäse, Ei und Käse gut verrühren. Den Knoblauch dazupressen. Mit Salz, Pfeffer und Muskatnuss würzen, in die Form gießen.

6. Den Gemüseauflauf im vorgeheizten Backofen bei 180 Grad auf mittlerem Einschub rund 30 Minuten backen.

FEINE LAUCHSUPPE

Vorspeise

- 2 Lauchstangen
- 1 EL Butter
- 3 EL Mehl
- 1 EL Tomatenmark
- 1 TL Senf
- 600 ml/6 dl Gemüsebrühe
- 250 ml/2,5 dl Milch
- Meersalz/Pfeffer aus der Mühle
- Paprikapulver
- geriebene Muskatnuss
- einige Tropfen Worcestersauce
- 125 g geriebener Greyerzer Käse

1. Den Lauch in feine Scheiben schneiden, in der Butter kurz dünsten. Das Mehl darüber stäuben, gut mischen. Das Tomatenmark und den Senf beifügen. Mit der Gemüsebrühe und der Milch aufgießen, unter Rühren aufkochen, 5 Minuten köcheln lassen. Die Suppe mit Salz, Pfeffer Paprika, Muskatnuss und Worcestersauce würzen.

2. Die Suppe auf vier Suppenteller oder -tassen verteilen. Den Käse darüber streuen. Sofort servieren.

SIEDFLEISCHGRATIN MIT LAUCH UND KARTOFFELN

für 4 bis 6 Personen als Hauptmahlzeit

- 2 l Wasser
- 800 g Suppen-/Siedfleisch vom Rind
- 1 Markbein
- 1 Zwiebel, besteckt mit Lorbeerblatt und Gewürznelke
- 1 Lauchstange
- einige schwarze Pfefferkörner
- Meersalz

- 400 g Kartoffeln
- 2 dicke Lauchstangen
- 1 EL Butter
- 300 ml/3 dl Siedfleischbrühe
- 1 Stück frische Meerrettichwurzel
- 75 g geriebener Greyerzer Käse

1. Das Wasser aufkochen. Fleisch, Markbein, besteckte Zwiebel, Lauch (evtl. halbiert), Pfefferkörner und Salz beigeben. Das Fleisch während rund 90 Minuten zugedeckt auf mittlerem Feuer kochen lassen.

2. In der Zwischenzeit die Kartoffeln schälen und im Dampf weich garen.

3. Den dunkelgrünen Teil beim Lauch entfernen. Die Lauchstangen schräg in etwa 4 cm lange Stücke schneiden, in der Butter einige Minuten dünsten. Mit 300 ml/3 dl Fleischbrühe angießen, aufkochen und zugedeckt auf kleinem Feuer rund 15 Minuten köcheln lassen, bis der Lauch weich ist.

4. Den Backofen auf 250 Grad vorheizen. Die gekochten Kartoffeln in Scheiben schneiden. Den Meerrettich schälen, fein reiben und mit dem Käse vermischen.

5. Das Suppenfleisch in Scheiben schneiden, zusammen mit dem Lauch und den Kartoffeln ziegelartig in eine eingefettete Gratinform füllen. Die Lauchbrühe darüber gießen. Mit der Käsemischung bestreuen.

6. Das Gratin im vorgeheizten Backofen bei 250 Grad auf mittlerem Einschub rund 10 Minuten überbacken.

HÄHNCHEN MIT PAPRIKA UND LAUCH AN SCHWARZER BOHNEN-SAUCE

Hauptmahlzeit

- 4 Freiland-Hähnchenkeulen/ Pouletschenkel
- 2 rote Gemüsepaprika/Peperoni
- 6 Knoblauchzehen
- 2 zarte Lauchstangen
- 4 EL Erdnussöl
- 4 EL schwarze Bohnenpaste (Char siu Sauce)

Marinade
- $^1/_2$ TL Meersalz
- $^1/_2$ TL Vollrohrzucker
- Pfeffer aus der Mühle
- 1 EL helle Sojasauce
- 2 TL Reiswein oder trockener Sherry
- 1 TL Maisstärke

Sauce
- 1 Msp Chilipulver
- 1 TL helle Sojasauce
- 1 EL Reiswein oder trockener Sherry
- 1 EL Sesamöl, nach Belieben
- 1 TL Maisstärke
- 50 ml/0,5 dl Wasser

1. Die Hähnchenkeulen mit den Knochen in je 2 Stücke teilen oder vom Metzger schneiden lassen. Die Haut entfernen.

2. Für die Marinade sämtliche Zutaten gut verrühren, das Fleisch damit bestreichen und 30 Minuten zugedeckt marinieren. Restliche Marinade beiseite stellen.

3. Die Gemüsepaprika halbieren, den Stielansatz und die Kerne entfernen, in Streifen schneiden. Den Knoblauch und den Lauch in Scheiben schneiden.

4. Die Hähnchenstücke aus der Marinade nehmen und abtropfen lassen. Das Öl erhitzen, das Fleisch darin rund 15 Minuten braun braten. Aus der Pfanne nehmen und beiseite stellen.

5. Gemüsepaprika, Knoblauch und Lauch in der Hähnchenpfanne kurz dünsten. Das gebratene Fleisch und die Bohnenpaste dazugegeben. Die restliche Marinade und alle Zutaten für die Sauce (ohne Maisstärke und Wasser) unterrühren und aufkochen. Nun die mit dem Wasser angerührte Maisstärke beifügen, aufkochen und sogleich servieren.

Schwarze Bohnenpaste: Erhältlich in Asienläden oder großen Lebensmittelgeschäften.

Tipp: Mit Parfumreis servieren.

TOFU UND LAUCH MIT BONITOFLOCKEN

Vorspeise

- 250 g Tofu
- 1 zarte Lauchstange
- 3 EL Sojasauce
- 50 ml/0,5 dl Dashi (Fischbrühe) oder Gemüsebrühe
- 2 EL getrocknete Bonitoflocken (Katsuobushi)
- 1 Stück frische Ingwerwurzel

1. Den Tofu in Würfel, den Lauch in sehr feine Scheiben schneiden.

2. Sojasauce und Dashi verrühren, auf 4 Schälchen verteilen. Die Tofuwürfel und die Lauchscheiben dazugeben. Die Bonitoflocken darüber streuen.

3. Die Ingwerwurzel schälen und fein reiben, über die Flocken streuen.

Dashi und Bonitoflocken: Erhältlich in Asienläden.

CHINESISCHER NUDELEINTOPF

Hauptmahlzeit

- 250 g feine chinesische Nudeln
- 400 g Schweinefilet
- 2 Lauchstangen
- 400 g Chinakohl
- 2 rote Pfefferschoten/Peperoncini
- 1 Stück frische Ingwerwurzel
- 3 EL Öl
- 1 große Dose Bambussprossen, geschnitten, abgetropft 280 g
- 200 ml/2 dl Gemüsebrühe
- 6 EL Sojasauce

1. Die Nudeln in reichlich Salzwasser al dente kochen, abgießen und kalt abschrecken.

2. Das Fleisch in Streifen schneiden. Den Lauch in Scheiben, den Chinakohl in Streifchen schneiden. Die Pfefferschoten der Länge nach aufschneiden, die Kerne unter fließendem Wasser herausschaben. Den Ingwer schälen und fein reiben.

3. Das Fleisch im Öl etwa 1 Minute braten, aus der Pfanne nehmen und beiseite stellen.

4. Gemüse, Ingwer, Bambussprossen und Pfefferschoten in der Fleischpfanne kurz dünsten, mit der Gemüsebrühe angießen, aufkochen und 2 Minuten köcheln lassen. Fleisch, Nudeln und Sojasauce zufügen, alles gut vermengen, unter Wenden kurz aufkochen. Sofort servieren.

FRÜHLINGSROLLEN MIT FISCHFÜLLUNG UND LAUCHRELISH

Hauptmahlzeit

Frühlingsrollen

- 2 Möhren/Karotten
- 1 Zwiebel
- 3 Chinakohlblätter
- 1 EL Öl
- 200 g feste Fischfilets, z. B. Kabeljau
- 100 g Krevetten/Garnelen
- Meersalz
- Pfeffer aus der Mühle
- 8 tiefgefrorene Reisteigblätter für Frühlingsrollen (22 cm Durchmesser)
- 1 Eiweiß
- Öl zum Fritieren

Lauchrelish

- 1 große Zwiebel
- 2 Lauchstangen
- 1 Limone, abgeriebene Schale
- 75 g Vollrohrzucker
- 200 ml/2 dl Balsamessig
- 1 Papaya

1. Die Möhren schälen. Möhren, Zwiebel und Chinakohl im Cutter oder von Hand fein hacken. Im Öl kurz dünsten, erkalten lassen.

2. Die Fischfilets in Streifen schneiden, mit den Krevetten und dem Gemüse vermischen, mit Salz und Pfeffer würzen.

3. Die Teigblätter zwischen zwei feuchte Küchentücher legen. Einige Minuten warten, bis die Blätter so feucht sind, dass sie gerollt werden können.

4. Die Teigblätter so auf die Arbeitsfläche legen, dass die Quadrate als Rhomben erscheinen, d. h. je eine Teigecke ist nach oben und unten ausgerichtet. Je 2 Esslöffel der Füllung in die Mitte geben. Die untere Teigecke etwa zu einem Drittel über die Füllung legen. Nun die rechte und linke Teigecke etwa zu einem Viertel nach innen einschlagen. Die freie Teigecke mit Eiweiß einpinseln. Von der anderen Seite her satt einrollen, die Teigecke gut andrücken.

5. Für das Relish die Zwiebel hacken, den Lauch in feine Scheiben schneiden. Zwiebel, Lauch, abgeriebene Limonenschale, Zucker und Essig in einen Kochtopf geben, aufkochen und zugedeckt 30 Minuten köcheln lassen.

6. Die Papaya schälen, halbieren und entkernen, das Fruchtfleisch würfeln und zum Lauch geben, weitere 15 Minuten köcheln lassen.

7. Die Frühlingsrollen im Öl etwa 4 Minuten goldgelb fritieren. Auf Küchenpapier abtropfen lassen.

Reisteigblätter: Erhältlich in Asienläden oder in großen Lebensmittelgeschäften.

Varianten: Die Fische weglassen und dafür mehr Gemüse nehmen. Die Fische durch Hackfleisch ersetzen.

ROULADEN MIT EI-GEMÜSE-FÜLLUNG

Vorspeise oder kleine Mahlzeit

- 1 Lauchstange
- 1 roter Gemüsepaprika/Peperoni
- 1 EL Butter
- Meersalz
- Pfeffer aus der Mühle
- wenig Sambal Oelek oder
- einige Tropfen Tabascosauce
- 4 tiefgefrorene Reisteigblätter für Frühlingsrollen (22 cm Durchmesser) oder 250 g Blätterteig
- 4 hart gekochte Freilandeier
- Öl zum Fritieren

1. Den Lauch in möglichst feine Scheiben schneiden. Den Gemüsepaprika halbieren, den Stielansatz und die Kerne entfernen, in sehr schmale Streifen schneiden.

2. Den Lauch und den Gemüsepaprika in der Butter dünsten, mit Salz, Pfeffer und Sambal Oelek oder Tabascosauce pikant würzen. Auskühlen lassen.

3. Die Teigblätter zwischen zwei feuchte Küchentücher legen. Einige Minuten warten, bis die Blätter so feucht sind, dass sie gerollt werden können. Den Blätterteig zu einem Rechteck dünn ausrollen und in vier gleich große Rechtecke schneiden.

4. Das Gemüse auf die Teigblätter verteilen, rundum etwa 4 cm Rand frei lassen. Die Eier schälen. Je ein Ei auf das Gemüse legen. Die Teigränder mit wenig Wasser bepinseln. Den Teig der Länge nach wenig einrollen, dann die Seiten einschlagen und weiter einrollen.

5. Die Rouladen im Öl etwa 4 Minuten goldgelb fritieren. Auf Küchenpapier abtropfen lassen.

Reisteigblätter: Erhältlich in Asienläden oder in großen Lebensmittelgeschäften.

PFANNENGERÜHRTES RINDERFLEISCH

Hauptmahlzeit

- 500 g Rinderfleisch zum Kurzbraten, z.B. Huft
- Meersalz
- 2 EL Sojasauce
- 2 EL Reiswein oder trockener Sherry
- $1/2$ Chinakohl
- 3 zarte Lauchstangen
- 1 Stück frische Ingwerwurzel
- 1 Knoblauchzehe
- einige Körner Szechuanpfeffer
- 1 TL Fenchelsamen
- 1 Stück Sternanis
- 2 Kardamomsamen (oder gemahlene Gewürze)
- 6 EL Maiskeimöl

Sauce
- 1 EL Maisstärke
- 100 ml/1 dl Hühnerbrühe
- 3 EL Sojasauce
- 1 TL Sesamöl

1. Das Fleisch in Streifen schneiden, mit Salz würzen. Die Sojasauce mit dem Reiswein oder Sherry verrühren und über das Fleisch träufeln. 1 Stunde zugedeckt marinieren.

2. Den Chinakohl in feine Streifen schneiden. Den Lauch in 5 cm lange Stücke schneiden, diese halbieren. Den Ingwer schälen und in feine Streifen schneiden. Den Knoblauch fein hacken.

3. Szechuanpfeffer, Fenchelsamen, Sternanis und Kardamom im Mörser möglichst fein zerstoßen.

4. Für die Sauce die Maisstärke mit der Hälfte der kalten Hühnerbrühe verrühren. Restliche Hühnerbrühe, Sojasauce und Sesamöl beifügen, gut verrühren.

5. Die Hälfte des Maiskeimöls in einer großen Pfanne erhitzen. Das Fleisch darin 1 Minute unter stetem Wenden braten, herausnehmen.

5. Das restliche Öl erhitzen. Ingwer, Knoblauch und Lauch beifügen und unter Wenden etwa 2 Minuten dünsten. Das Fleisch dazugeben. Die angerührte Sauce dazugießen, aufkochen und kurz köcheln lassen. Die Gewürze unterrühren. Den Chinakohl dazugeben, alles heiß werden lassen.

Tipp: Mit chinesischen Nudeln servieren.

Abbildung Seite 86

HÄHNCHENFLEISCH
MIT GEMÜSE UND INGWER

Hauptmahlzeit

- 20 g getrocknete chinesische Pilze Mu-Err
- 1 Stück frische Ingwerwurzel
- 3 Knoblauchzehen
- 1 roter Gemüsepaprika/Peperoni
- 1 grüner Gemüsepaprika/Peperoni
- 2 zarte Lauchstangen
- 500 g Hähnchen-/Pouletbrustfleisch
- 3 EL Erdnussöl
- 50 ml/0,5 dl Hühnerbrühe
- 4 EL Fischsauce
- 1 EL Austernsauce
- 1 EL Vollrohrzucker

1. Die Pilze etwa 15 Minuten in warmem Wasser einlegen. In ein feines Sieb gießen und unter fließendem kaltem Wasser waschen. Die Pilze abtropfen lassen und grob hacken.

2. Den Ingwer schälen. Den Ingwer und den Knoblauch fein hacken.

3. Die Gemüsepaprika halbieren, den Stielansatz und die Kerne entfernen, in Vierecke schneiden. Den Lauch in Scheiben schneiden. Die Hähnchenbrüstchen in 2 cm große Würfel schneiden.

4. Den Ingwer und den Knoblauch in einem Esslöffel Öl kurz dünsten, herausnehmen.

5. Restliches Öl erhitzen, das Fleisch darin anbraten. Ingwer und Knoblauch wieder dazugeben. Lauch, Gemüsepaprika und Pilze beifügen und rund 2 Minuten auf mittlerem Feuer dünsten. Mit der Hühnerbrühe angießen. Würzen mit der Fisch- und Austernsauce und dem Zucker, nochmals 2 bis 3 Minuten auf kleinem Feuer köcheln lassen.

Fisch- und Austernsauce: Erhältlich in Asienläden. Als Ersatz können 3 Esslöffel Sojasauce genommen werden.

Abbildung
vorn: Hähnchenfleisch mit Gemüse und Ingwer
hinten: Pfannengerührtes Rinderfleisch, Rezept Seite 85

SÜSSSAURER FISCHEINTOPF MIT LAUCH

Hauptmahlzeit

- 300 g Fischfilets, Goldbarsch oder Kabeljau
- 1 Zwiebel
- 2 Lauchstangen
- 1 EL Öl
- 300 ml/3 dl Fischfond oder Gemüsebrühe
- 200 g tiefgekühlte Kalamare/ Tintenfischringe
- 200 g tiefgekühlte Muscheln oder 500 g geputzte frische Muscheln
- 200 g geschälte Garnelen/ Riesenkrevetten
- 3 TL Maisstärke
- 5 EL Weißweinessig
- 2 EL Vollrohrzucker
- 3 EL Fischsauce oder 1 EL Sojasauce
- 3 EL Ketschup

1. Die Fischfilets in mundgerechte Stücke schneiden. Die Zwiebel hacken, den Lauch in Scheiben schneiden.

2. Zwiebeln und Lauch im Öl kurz dünsten, mit dem Fischfond oder der Gemüsebrühe angießen. Die Kalamare zufügen, 3 Minuten köcheln lassen. Muscheln, Fisch und Garnelen beifügen, 1 bis 2 Minuten mitköcheln. Den Topfinhalt in ein Sieb gießen, die Sauce auffangen.

3. Die Maisstärke mit dem Essig verrühren, zur aufgefangenen Sauce geben. Die restlichen Zutaten beifügen. Die Sauce in den Kochtopf gießen und unter Rühren aufkochen, kurz köcheln lassen. Gemüse, Fisch und Meeresfrüchte wieder beigeben und erhitzen.

FISCH MIT CHINESISCHEN PILZEN UND LAUCH

Hauptmahlzeit

- 20 g getrocknete chinesische Pilze Mu-Err
- 50 g Speck
- 1 rote Pfefferschote/Peperoncino
- 1 Stück frische Ingwerwurzel
- 2 Lauchstangen
- 1 EL schwarze Bohnenpaste (Char siu Sauce)
- 2 Knoblauchzehen
- 2 EL Sojasauce
- 2 EL Öl
- 600 g Fisch, z. B. Kabeljau oder Dorsch, in Filets oder Scheiben

1. Die Pilze etwa 15 Minuten in warmem Wasser einlegen. In ein feines Sieb gießen und unter fließendem kaltem Wasser waschen. Die Pilze abtropfen lassen und grob hacken.

2. Den Speck so fein wie möglich hacken. Die Pfefferschote der Länge nach aufschneiden, die Kerne unter fließendem Wasser herausschaben und die Schote in Streifchen schneiden. Den Ingwer schälen und fein hacken. Den Lauch in sehr feine Scheiben schneiden.

3. Speck, Pfefferschoten, Ingwer, Lauch, Pilze, Bohnenpaste, durchgepressten Knoblauch, Sojasauce und Öl sorgfältig vermenge.

4. Den Dämpfaufsatz mit Butter einstreichen. Die Fischstücke hineinlegen. Die vermischten Zutaten darauf verteilen.

5. In der Pfanne $1/2$ l Wasser aufkochen, den Dämpfaufsatz auflegen. 15 Minuten dämpfen.

Tipp: Mit Trockenreis servieren.

Schwarze Bohnenpaste: Erhältlich in Asienläden oder großen Lebensmittelgeschäften.

GARNELEN MIT CURRY-LAUCH-REIS

Hauptmahlzeit

- 150 g Natur-Langkornreis
- 100 g Cashewkerne
- 3 EL Currypulver
- 2 Lauchstangen
- 5 EL Öl
- 8 Garnelen/Riesenkrevetten
- 4 Freilandeier
- 6 EL Milch
- Meersalz
- Pfeffer aus der Mühle
- 1 EL Butter

1. Den Reis in 300-400 ml/3-4 dl Wasser in einem hohen Topf aufkochen, 5 Minuten sprudelnd kochen, dann auf kleinstem Feuer quellen lassen, etwa 30 Minuten.

2. Die Cashewkerne in einer Pfanne ohne Fettzugabe hellbraun rösten. Vom Feuer ziehen, mit dem Currypulver mischen, aus der Pfanne nehmen.

3. Den Lauch in Scheiben schneiden. In 2 Esslöffeln Öl dünsten, den Reis und die Nüsse beifügen, alles gut mischen.

4. Die Garnelen schälen und im restlichen Öl kurz braten, warm stellen.

5. Die Eier mit der Milch verquirlen, mit Salz und Pfeffer würzen. Die Butter erhitzen, die Eiermilch beigeben und unter ständigem Rühren stocken lassen.

6. Den Curryreis auf einer Platte anrichten, darauf die Garnelen und das Rührei anrichten.

IN DER GLEICHEN REIHE SIND ERSCHIENEN:

Thomas Addor
DAS RÖSTI-KOCHBUCH

Beatrice Aepli
DAS RHABARBER-KOCHBUCH

Beatrice Aepli
DIE BEEREN-KÜCHE

Beatrice Aepli
CELLULITE ENDLICH BESIEGT

Beatrice Aepli
DAS APFEL-KOCHBUCH

Beatrice Aepli
FINGERFOOD - NEUE BISTRO-KÜCHE

Beatrice Aepli
RACLETTES - FONDUES - GRILLADEN

Beatrice Aepli
BACKEN IN DER ADVENTS- UND WEIHNACHTSZEIT

Erica Bänziger
DAS KASTANIEN-KOCHBUCH

Erica Bänziger
HONIG

Erica Bänziger
DIE OLIVEN-KÜCHE

Bänziger, Baule
KOCHEN MIT DEN FÜNF ELEMENTEN

Bänziger. Walther
DAS MAIS-KOCHBUCH

Theres Berweger
DAS REIS-KOCHBUCH

Theres Berweger
KOCHEN MIT DINKEL

Bühler, Spreng
EINMACHEN

Carine Buhmann
AUFLÄUFE UND GRATINS

Marianna Buser
KOCHEN MIT WURZELGEMÜSE

Marianna Buser
BROT UND BRÖTCHEN SELBER BACKEN

Frédérik Kondratowicz
DAS NEUE SPARGEL-KOCHBUCH

Thuri Maag
EISCREME SELBERMACHEN

Josy Nussbaumer
DAS SUPPEN-KOCHBUCH

Peter Oppliger
DER GRÜNE TEE

Rosenblatt, Christandl
RAFFINIERTE BLATTSALATE

Rosenblatt, Christandl
DAS TOMATEN-KOCHBUCH

Rosenblatt, Christandl
KOCHEN MIT SAUERKRAUT

Rosenblatt, Christandl
DAS QUITTEN-KOCHBUCH

Ingrid Schindler
DIE NUSS-KÜCHE

Yvonne Tempelmann
PASTA-SAUCEN

Walther, Bänziger
DAS NEUE KÜRBIS-KOCHBUCH